REBOKに基づく
要求分析実践ガイド

RE　Requirements Engineering
BOK　Body Of Knowledge

REBOKシリーズ 3

青山幹雄 監修
NTT　ソフトウェアイノベーションセンタ 編
飯村結香子・斎藤 忍 著

近代科学社

◆ 読者の皆さまへ ◆

平素より，小社の出版物をご愛読くださいまして，まことに有り難うございます．

㈱近代科学社は1959年の創立以来，微力ながら出版の立場から科学・工学の発展に寄与すべく尽力してきております．それも，ひとえに皆さまの温かいご支援があってのものと存じ，ここに衷心より御礼申し上げます．

なお，小社では，全出版物に対してHCD（人間中心設計）のコンセプトに基づき，そのユーザビリティを追求しております．本書を通じまして何かお気づきの事柄がございましたら，ぜひ以下の「お問合せ先」までご一報くださいますよう，お願いいたします．

お問合せ先：reader@kindaikagaku.co.jp

なお，本書の制作には，以下が各プロセスに関与いたしました：
- 企画：小山透，冨髙琢磨
- 編集：冨髙琢磨，高山哲司
- 組版：DTP／加藤文明社
- 印刷：加藤文明社
- 製本：加藤文明社
- 資材管理：加藤文明社
- 広報宣伝・営業：山口幸治，冨髙琢磨

※ 要求工学知識体系REBOKは，一般社団法人情報サービス産業協会の登録商標（商標登録番号：5458370号）です．

- 本書の複製権・翻訳権・譲渡権は株式会社近代科学社が保有します．
- [JCOPY]〈(社)出版者著作権管理機構委託出版物〉
  本書の無断複写は著作権法上での例外を除き禁じられています．
  複写される場合は，そのつど事前に(社)出版者著作権管理機構
  （電話 03-3513-6969，FAX 03-3513-6979，e-mail: info@jcopy.or.jp）の許諾を得てください．

刊行にあたって

　インターネットやクラウドサービスが国境を越えて普及してきた現代社会においては，人々や企業の社会活動・経済活動を支える情報システムの重要性がますます高まっています．社会のインフラストラクチャの役割を担った重要な情報システムにおいては，高い信頼性と性能が求められており，いったん情報システムにトラブルが生じると，様々な方面に多大な影響を及ぼしてしまいます．また，情報システムはビジネスモデルと密接な関係を持っており，各企業は，市場の変化や激しい競争に対応できるように，自社のシステムを迅速・的確に構築・改善していく必要があります．

　情報システムは我々の生活に広く深く影響を与える必要不可欠な存在となっております．情報システムを作り出しているソフトウェア開発プロジェクトの多くは，目標とするQCD（Quality［品質］，Cost［コスト］，Delivery［納期］）のいずれかまたは複数が達成できていないといわれてまいりました．このような状況は徐々に改善が進んできておりますが，まだまだ十分とはいえません．

　我々NTTサービスイノベーション総合研究所ソフトウェアイノベーションセンタでは，迅速なサービスの提供やTCO（Total Cost of Ownership）の削減に向けて，近未来の社会に必要となるソフトウェア開発技術の研究に取り組んでおります．その中で，本書のスコープであるアプリケーションソフトウェアを対象としたソフトウェア開発技術の創出にも取り組んでまいりました．

　本書では，ソフトウェア開発の企画工程において，要求工学のプロセス，特に要求分析を実施するために，どのような成果物を用いながら，どのような手順で検討を進めていくべきかを，要求工学知識体系REBOKに基づき解説しています．本書で解説する手順や成果物は，過去のソフトウェア開発プロジェクトで得られた経験や，実際に作成した文書のフォーマットに基づいて，当研究所にて整理・検討してきた内容を，さらに具体的な事例を用いて解説することで，本書の読者の実践的なガイドとなることを目指して執筆したものです．

本書をご活用いただくことで，信頼性の高い高度なソフトウェアを効率よく作り上げることのできる人材が数多く育っていくことを願っております．

2015 年 6 月
NTT ソフトウェアイノベーションセンタ
所長　鈴木　光

要求分析実践ガイドへようこそ

　本書は,『要求工学知識体系（REBOK）［アールイー・ボック］』［近代科学社］の要求分析を実例に基づき，手順に沿って具体的に解説したものです．

　本書の基礎となる REBOK は，2011 年に情報サービス産業協会 REBOK 企画 WG の編集により，要求工学の実践知識を体系化したものです．幸い，多くの方々の支持をいただき，増刷を重ねてまいりました．

　REBOK の普及に伴い，実践の場で，より詳しく解説した書籍の要望が高まってまいりました．そこで，REBOK の実践を通して培った要求工学の実践の経験をまとめた『要求工学実践ガイド』［近代科学社］を 2014 年に刊行しました．本書は，これに続く，REBOK シリーズの第 3 巻として，要求分析に焦点を当てて解説したものです．

　本書の内容は，当初，NTT グループでの要求工学の教育のために NTT ソフトウェアイノベーションセンタで作成されたものです．その内容を，広く活用いただけるように「スマートメータ設置手配業務」を例として解説したものです．本書の技術的内容は REBOK の「要求分析」に基づき，ビジネス要求からソフトウェア要求への橋渡しとなるシステム要求定義を対象としています．本書によって，現在，実践されている要求分析の標準的な技術が理解していただけると思います．併せて，REBOK の要求分析を現場で活用する指針としても利用いただけるでしょう．

　本書が要求工学を実践されている多くの方々のお役に立つことを期待します．
　なお，本書の編成にご支援をいただきました，NTT ソフトウェアイノベーションセンタの関係各位に感謝いたします．

2015 年 6 月
（一社）情報サービス産業協会　要求工学委員会　委員長
青山　幹雄

目 次

刊行にあたって i
要求分析実践ガイドへようこそ iii

第0章　はじめに 1
0.1　本書の構成 3

第1部：要求分析の基礎 5

第1章　REBOK入門 7
1.1　まえがき 8
1.2　REBOKとは 8
1.1.1　REBOKの知識構造 8
1.3　用語の定義 10
1.3.1　要求とは 10
1.3.2　要求のスコープ 11
1.3.3　要求のスコープと要求アナリスト 11
1.4　要求工学プロセス 12
1.5　要求獲得 13
1.5.1　要求獲得とそのプロセス 13
1.5.2　ステークホルダ分析：キーパーソンを捉える 14
1.5.3　ゴール分析：ゴールから始める 15
1.5.4　シナリオ分析：ユーザの視点で要求を明確にする 16
1.5.5　エンタープライズ分析：対象システムの枠組みを明確にする 17
1.6　要求分析 18
1.6.1　要求分析とそのプロセス 18
1.6.2　要求の分類 19
1.6.3　要求の構造化 20
1.6.4　要求の割当て 22
1.6.5　要求の優先順位付け 23
1.6.6　要求交渉 24
1.7　要求仕様化 25
1.7.1　要求仕様化とそのプロセス 25

1.7.2	要求仕様書記述の指針	27
1.8	要求の検証・妥当性確認・評価	28
1.8.1	要求の検証と妥当性確認	28
1.8.2	要求の検証	29
1.8.3	要求の妥当性確認	29
1.8.4	要求レビュー	30
1.8.5	要求プロトタイピング	31
1.9	要求の計画と管理	32
1.9.1	要求の計画と管理とプロジェクト管理	32
1.9.2	要求の計画と管理のプロセス	33
1.9.3	要求文書の管理	33
1.9.4	要求管理の実際	34

第2章　要求分析の概要　39

- 2.1　システム要求定義における要求分析　40
- 2.2　機能要求と非機能要求　42
- 2.3　要求分析アクティビティ　43
  - 2.3.1　要求の分類　45
  - 2.3.2　要求の構造化　45
  - 2.3.3　要求の割当て　46
  - 2.3.4　要求の優先順位付け　46
  - 2.3.5　要求交渉　46

第2部：要求分析の実践　49

第3章　要求分析の対象業務とアクティビティ　51

- 3.1　〔実践例〕スマートメータ設置手配業務　52
- 3.2　要求分析の各アクティビティの構成　53

第4章　要求の分類　55

- 4.1　アクティビティの概要と狙い　56
  - 4.1.1　概要　56
  - 4.1.2　狙い　57
- 4.2　アクティビティの内容　57
  - 4.2.1　インプット　57
  - 4.2.2　タスク　57

4.3	成果物	59
	4.3.1 要求分類表	59
	4.3.2 KJ 法による問題俯瞰図	61
	4.3.3 現状分析ツリー	63
4.4	実践の秘訣	67
	4.4.1 用語辞書の作成	67

第5章　要求の構造化　69

5.1	アクティビティの概要と狙い	70
	5.1.1 概要	70
	5.1.2 狙い	70
5.2	アクティビティの内容	70
	5.2.1 インプット	70
	5.2.2 タスク	71
5.3	成果物	73
	5.3.1 要求展開図	73
	5.3.2 KJ 法による問題俯瞰図	78
	5.3.3 現状分析ツリー	81
	5.3.4 業務概要図	84
5.4	実践の秘訣	89
	5.4.1 曖昧な用語の排除	89
	5.4.2 要求事項の確認チェックリスト	91
	5.4.3 要求集合の確認チェックリスト	93
	5.4.4 要求ウォークスルー	95

第6章　要求の割当て　101

6.1	アクティビティの概要と狙い	102
	6.1.1 概要	102
	6.1.2 狙い	103
6.2	アクティビティの内容	103
	6.2.1 インプット	103
	6.2.2 タスク	103
6.3	成果物	105
	6.3.1 システム変更パターン一覧	105

6.3.2	サービスレベル一覧	108
6.3.3	システム変更パターン別期間見積り	110
6.3.4	システム変更パターン別費用超概算見積り	112

第7章　要求の優先順位付け　115

- 7.1 アクティビティの概要と狙い　116
  - 7.1.1 概要　116
  - 7.1.2 狙い　117
- 7.2 アクティビティの内容　117
  - 7.2.1 インプット　117
  - 7.2.2 タスク　117
- 7.3 成果物　118
  - 7.3.1 優先順位評価シート　118

第8章　要求交渉　123

- 8.1 アクティビティの概要と狙い　124
  - 8.1.1 概要　124
  - 8.1.2 狙い　125
- 8.2 実施内容　125
  - 8.2.1 インプット　125
  - 8.2.2 タスク　125
- 8.3 成果物　127
  - 8.3.1 システム変更スケジュール案　127
  - 8.3.2 システム変更費用超概算見積り　128
  - 8.3.3 企画検討結果チェックシート　130
- 8.4 実践の秘訣　132
  - 8.4.1 課題管理表　132

付録A　逆引き　135

- (1) システム変更の内容を明らかにしたい　135
- (2) システム変更の規模・コスト感を知りたい　136
- (3) 業務部門と合意形成をしたい　136

付録B　重要「記述サンプル」再録　137

参考文献　144

索引　145

第0章 はじめに

0.1 本書の構成

企業や組織で開発・運用される情報システムを取り巻く組織のなかでも，業務部門とシステム部門は主要な2つの組織といえる．前者は情報システムを利用する組織であり，後者は情報システムを開発・運用する組織である．多くのケースでは，情報システムに対する要求は，業務部門からシステム部門に提示される．そして，その要求の内容は漠然としていることも少なくない．情報システム部門は，依頼された要求を理解し，開発するための工数を算出し，予算見積り，関連部門やステークホルダとの調整等々，様々な作業を行うことになる．加えて，システム部門が担う役割には，どのようなシステムを作るのかを明確かつ具体的に相手（業務部門）に提案し，理解してもらい，その合意を得ることも含まれる．

「だけど，曖昧なシステムの要求を整理するにはどうすればいいの？」

　システム部門に属する人はだれしも同じような疑問を抱いているのではないだろうか．本書は，まさにその点に焦点を当てている．業務部門から依頼される曖昧さの残る整理されていない要求を，具体的なシステムへの反映方法に落とし込み，関係者間の合意を図るための実践的な進め方を紹介する．

　要求定義は，情報システムや組込み製品を開発する作業の最上流に位置付けられる．要求工学は，この要求定義を組織的に行うための技術や知識が体系化した学問領域である．

　筆者らも参画しているJISA（一社 情報サービス産業協会）のWGでは，2011年に世界に先駆けて『要求工学の知識体系』（REBOK）[近代科学社]を刊行している．REBOKでは要求定義を行うための4つのプロセスを定義している．「要求獲得」プロセスではステークホルダの現状の業務を理解したうえで，要求の獲得を行う．「要求分析」プロセスでは要求を整理，分類して，要求間の構造や依存関係，一貫性，整合性を明らかにする．「要求仕様化」プロセスで要求を文書や図表を用いて仕様化し，さらに「要求の検証・妥当性確認・評価」プロセスで，要求仕様の内容について，ステークホルダに対して妥当性確認を行う．加えて，これらの要求工学の4つのプロセスは，特定の開発方法を前提としない汎用的な内容が定義されている．そのため，実際の情報システムの開発現場での実践に際しては，対象となるシステムの規模やプロジェクトの特性，および要求の内容に応じてプロセスの内容をカスタマイズすることが前提となる．

　本書では，最初に述べた疑問に答えるため，特に上述の4つの要求定義のプ

ロセスのなかで「要求分析」プロセスに着目する．具体的な事例を想定し，実際に作成する成果物のサンプルを示しながら，実践的な進め方やノウハウを解説していく．

0.1 本書の構成

　本書は2部構成となっている．第1部では要求分析の基本的な内容を紹介する．第1章では，本書の内容のベースとなっているREBOKの概要を紹介する．第2章では，本章で取り上げる要求分析プロセスの位置付けや，プロセスを構成する5つのアクティビティ（要求の分類，要求の構造化，要求の割当て，要求の優先順位付け，要求交渉）の概要を示す．第2部では，要求分析の実践的な内容の解説を行う．最初の第3章では，本書で対象とする事例を紹介する．第4章から第8章は，5つのアクティビティをそれぞれの章で説明する．各章では，事例に基づいた成果物の記述サンプルや記述指針を示すことにより，アクティビティの実践に向けたガイドとなる．巻末には付録A 逆引き，参考文献を記す．

第1部
要求分析の基礎

第1章　REBOK 入門
第2章　要求分析の概要

第 1 章
REBOK 入門

- 1.1 まえがき
- 1.2 REBOK とは
- 1.3 用語の定義
- 1.4 要求工学プロセス
- 1.5 要求獲得
- 1.6 要求分析
- 1.7 要求仕様化
- 1.8 要求の検証・妥当性確認・評価
- 1.9 要求の計画と管理

1.1 まえがき

REBOK の概要を紹介する．本章の内容は 2011 年に発刊した REBOK の基本的な考え方や用語を解説する．そのため，REBOK の初心者にとっては REBOK の内容を速習する上でも本章は有用な内容となっている．

本章の内容は『要求工学実践ガイド』［近代科学社］[18] で述べている内容と重複する部分もある．そのため，前著の内容を理解されている読者は繰り返しとなるが，必要に応じて参照されたい．

1.2 REBOK とは

1.1.1 REBOK の知識構造

REBOK の知識構造を図 1.1.1-1 に示す．

REBOK では知識領域を，大きく共通知識カテゴリと拡張知識カテゴリの二つに分けている．

(1) REBOK 共通知識カテゴリ

　　特定のドメインによらない，要求工学の共通知識である．後述する 8 つの知識領域からなる．

(2) REBOK 拡張知識カテゴリ

　　要求工学を応用する特定ドメインとのインタフェースとなる知識である．REBOK 拡張知識カテゴリはエンタープライズ分析とプロダクト分

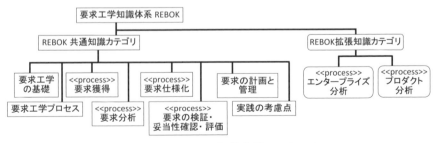

図 1.1.1-1　REBOK の知識体系アーキテクチャ

析から成る．エンタープライズ分析は企業情報システムの要求定義のための固有の知識である．プロダクト分析は組込みシステムなどのマスプロダクトの要求定義のための固有の知識である．

拡張知識カテゴリによって，エンタープライズとプロダクトの2つの異なるドメインへの適用が可能となる．

(3) REBOK 共通知識カテゴリの構造

REBOK の共通知識カテゴリは，8つの知識領域から成る．表1.1に各知識領域の内容を示す．

共通知識カテゴリにおいて要求定義に直接必要な知識領域は，「要求獲得」，「要求分析」，「要求仕様化」，「要求の検証・妥当性確認・評価」の4つのプロセス知識である．この4つのプロセス知識の枠組みは，要求工学の主要な文献で標準となっており，かつ，現場で一般に行われて要求定義プロセスと対応している．

プロセス知識は，プロセスの入力，出力，プロセスを実行するアクタ，プロセスの詳細を定義するタスク，タスクを実行するための技術により定義される．これによって，要求工学を現場で実践するガイドとなる．

図1.1.1-1 中，<< process >>は UML のステレオタイプの表記に準じ，プロセス知識を表す．それ以外の知識領域は技術知識である．

表 1.1 REBOK 共通知識カテゴリで定義されている8つの知識領域

知識領域	内　容
1. 要求工学の基礎	要求とそのスコープや性質などの基礎的事項．機能要求，非機能要求も含む
2. 要求工学プロセス	要求開発，管理のプロセスと主要なアクティビティなどに関する知識
3. 要求獲得	顧客を含むステークホルダを明らかにし，会議，インタビューなどによる要求の引出しに関する知識
4. 要求分析	要求項目を整理し，その間の関係付け，優先順位付けなどを行い，実現すべき要求を明らかにして絞り込む技術に関する知識
5. 要求仕様化	分析された要求を規定の書式や表記法で記述する技術に関する知識
6. 要求の検証・妥当性確認・評価	要求間の矛盾がないことや，必要な顧客の要求項目を満たしていることの確認，あるいは，その達成の度合いを評価する技術などに関する知識
7. 要求の計画と管理	要求開発を計画し，遂行や成果物を管理する技術に関する知識
8. 実践の考慮点	要求工学を実践するうえで知っておくべき知識やベストプラクティス

1.3 用語の定義

国内において要求工学を実践する際の障壁の一つに要求工学に関する用語や概念の不統一があげられる．国内でのみ個別に定義され，利用されている用語もある．このため，REBOK では，要求工学に関連する BOK を横断的に分析し，世界的に認知されている知識ベースに基づき，あいまいさのないように用語を選択し，定義した．これによって，REBOK が要求工学に関連する異なる BOK 間で主要な用語や概念を相互理解できる共通基盤となることを目標とした．

1.3.1 要求とは

要求工学に関連する BOK や標準規約では，「要求」の定義はソフトウェア工学の国際規格 IEEE Std 610.12 [6] に準拠して定義されている．ただし，BABOK では，IEEE Std 610.12 の定義における「ユーザ」に代わり「ステークホルダ」を用いている [7]．REBOK では，「ステークホルダ」が要求工学における主要な概念として定着していること，ならびに，REBOK を国際的に認知される BOK とする方針に基づき，BABOK と同じく，要求を「ステークホルダが問題解決や目標達成に必要な条件，あるいは，能力」と定義する．

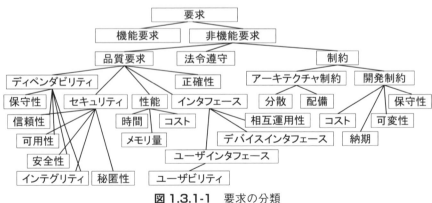

図 1.3.1-1 要求の分類

表 1.2　要求工学に関連する BOK と規約の要求スコープ

要求のスコープ		REBOK	ISO/IEC29148	BABOK	共通フレーム
ビジネス		ビジネス/プロダクト要求	—	ビジネス要求	システム化構想,システム化計画
ステークホルダ		ステークホルダ要求	ステークホルダ要求	ステークホルダ要求	利害関係者要件
ソリューション	システム	システム要求	システム要求	ソリューション要求	システム要件
	ソフトウェア	ソフトウェア要求	ソフトウェア要求		ソフトウェア要件
移行		移行要求	—	移行要求	(移行計画)
運用		運用要求	—	—	(システム運用)

1.3.2　要求のスコープ

REBOK [18], BABOK [7], ならびに, 共通フレーム [10] における, 要求のスコープを表1.2に示す. この表からも分かるように, これまでは, 要求のスコープとして統一された定義が確立されていなかった. そのため, REBOKでは, 現場における実践の視点に立って, REBOK と BABOK, および共通フレームとの対応付けができるスコープの枠組みを定めた.

1.3.3　要求のスコープと要求アナリスト

要求の各スコープに対して要求定義を主体する人材を要求アナリストと呼ぶ[19]. 要求アナリストは, 扱う要求のスコープに応じて異なる知識が求められる. 要求のスコープと要求アナリストを図1.3.3-1に示す. 対象とする要求の

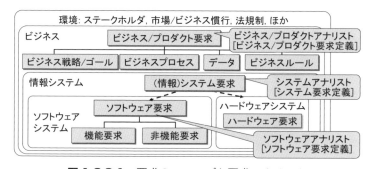

図 1.3.3-1　要求のスコープと要求アナリスト

スコープに応じた要求アナリストの役割を，3段階に分けて示した．この分類は役割と必要な知識を明確にするための名称であることから，実際には，同一人が異なる要求スコープを扱うこともある．
(1) ビジネスアナリスト（BA），プロダクトアナリスト
　　ビジネスシステム，あるいは，組込みシステムなどのプロダクトの要求を対象とする．
(2) システムアナリスト
　　情報システム全体を対象とするシステム要求を扱う．
(3) ソフトウェアアナリスト
　　ソフトウェア要求を扱う要求アナリストである．なお，ヨーロッパでは，要求アナリストは要求エンジニアと呼ばれている．

1.4　要求工学プロセス

要求工学プロセスとは要求定義を行う作業の進め方を規定したものである．REBOKでは，図1.4-1に示すようにイテラティブプロセスとインクリメンタ

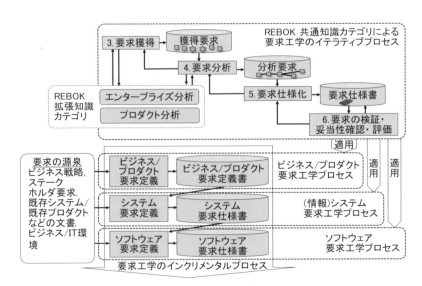

図 1.4-1　要求工学プロセス

ルプロセスの，2つの独立したプロセスを規定する．この構造は，ISO29148が規定するプロセス［13］と対応している．

これら要求工学プロセスは，ウォータフォールなどの特定のソフトウェア開発プロセスを前提とせず，要求定義をどのように行うかを規定している．適用するソフトウェア開発プロセスに応じて必要な知識を選択して，カスタマイズして適用してよい．

(1) イテラティブプロセス（反復型プロセス）

各要求スコープ内において「要求獲得」，「要求分析」，「要求仕様化」，「要求の検証・妥当性確認・評価」の4つのプロセスを実施し要求定義を行う．図1.4-1の上側に示すように各プロセスを相互に繰返す．

(2) インクリメンタルプロセス

要求の3つのスコープに対して，イテラティブプロセスを段階的に適用し，ビジネス要求から，システム要求，ソフトウェア要求へと漸増するように要求を定義するプロセスである．このプロセスは，ISO29148では，再帰的プロセスと呼ぶ．インクリメンタルプロセスは，対象システムの規模や要求の内容に応じて，たとえば，ビジネス要求定義とシステム要求定義をまとめて行ってもよい．

1.5 要求獲得

1.5.1 要求獲得とそのプロセス

要求獲得の目的は，その後に続く要求分析および要求仕様化，要求の検証・妥当性確認・評価で取り扱われる要求を明らかにすることである．

要求獲得の成果物はステークホルダの一覧，現状（As-Is）システムを表すモデル，要求が達成すべきゴールと要求の関係を表すゴールモデル，要求が満たされた将来（To-Be）システムを表すモデル，そして実現すべき要求の集合の候補である．ここで，システムとは人や組織を含む要求の対象である．

図1.5.1-1に要求獲得のプロセスを示す．

要求獲得の主要な技術として，次の3つが挙げられる．

(1) ステークホルダ分析

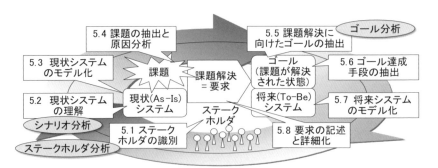

図 1.5.1-1 要求獲得プロセス

システムに関与するステークホルダを特定し，その業務や役割を理解するとともに，その重要度や影響度などの，要求に対する立場を明らかにする．

(2) ゴール分析

ゴールとはシステムが達成すべき状態である．ゴールを特定し，それを分解し，詳細化することにより，ゴールを実現する手段を要求として特定する．

(3) エンタープライズ分析とシナリオ分析

対象システムを理解し，抽象化し，共通に理解できる形式で表現するための分析方法である．次の二つに大別できる．

1) エンタープライズ分析：システム全体のマクロな構造をモデル化する．たとえば，Zachman フレームワークでは 5W1H とシステムの階層の 2 次元の表でシステム全体を俯瞰してモデル化する．

2) シナリオ分析：ユーザから見たシステムとの関係や振舞いなどをモデル化する．ユースケース記述，シナリオ，ユーザストーリなどがあり，一般に，自然言語で記述する．

1.5.2 ステークホルダ分析：キーパーソンを捉える

ステークホルダとは，利害関係者とも呼ばれ，要求，あるいは，要求が定めるビジネスや情報システムに関与する人，または組織をさす．ユーザ，開発出資者，製品購入者，プロジェクト管理者，開発者，様々な領域の専門家を総称

する SME（Subject Matter Expert），法律，慣習，市場，などである．
　ステークホルダ分析は，ステークホルダを特定し，理解するために，ステークホルダ間，およびステークホルダとシステムとの利害関係の度合いを分析する技術である．
　ステークホルダ分析では，まず，システムに利害関係を持つ可能性のあるステークホルダを特定する．特定したステークホルダは対象シテムとの利害関係によって分類される．たとえば，対象システムと直接関与するステークホルダを一次ステークホルダとし，直接には関与しないステークホルダを二次ステークホルダと分類する方法がある．
　次に，ステークホルダから見た，システム，および他のステークホルダとの利害の度合いを，影響度や重要度で評価する．
　ステークホルダの影響度とは，システムのある要求に対して，ステークホルダが及ぼす影響の大きさである．一般に影響度はステークホルダの役割や職務などに依存する．たとえば，主たる対象として重視すべき顧客を主要顧客と呼び，その他の一般の顧客と区別することで影響の大きさを表す方法がある．
　ステークホルダの重要度とは，要求を必要とする程度の大きさである．次の3種類で区別することが多い．
　　1) 必須：システムに不可欠な要求
　　2) 望ましい：必須ではないが，良いシステムとするために取込むことが望まれる要求
　　3) あれば良い：取り込むことで，より良いシステムとなる要求

1.5.3　ゴール分析：ゴールから始める

　ゴールとは，システムが満足すべき状態である．ゴールによっては，すでにシステムがその状態になっている場合もある．このような場合は，その状態を維持し続けていることが，ゴールとなる．
　一般に，ゴールは，ソフトゴールとハードゴールに分類される．ソフトゴールは戦略ゴールとも呼ばれ，企業の事業戦略から設定することができる．ソフトゴールは，一般に，達成度合いなどで定性的に評価される．たとえば，「顧客満足度の向上」，「顧客が常時利用できるの」，などである．これに対し，ハードゴールとは，ソフトゴールを具体化した戦術ゴールであり，その状態を達成で

きたか否かによって評価できる．たとえば，「売上の10％増大」，「商品ごとに購入者のプロファイルが取得できる」などがある．

　ゴール分析とはゴールを段階的に具体化，詳細化し，ゴール間の関係を明らかにすることである．

　一般に，最上位のトップゴールはソフトゴールとなる．ソフトゴールを具体化して，ハードゴールで表す．さらに，ハードゴールを達成する手段をタスクと呼び，ゴールを実現する機能要求となる．要求獲得では，まずゴールを抽出し，ステークホルダとゴールを合意することが適切な要求定義への鍵となる．

　ゴール分析で使われる様々なゴール指向分析手法では，システムの要求は，ゴールを達成するための手段として定義できる．そのため，ゴールの達成手段が不明であるゴールは，それが明確になるまで，ゴールを分解したり，詳細化することになる．ゴール分析では，ゴール分析によって分解されたり，詳細化されたゴールを上位ゴール，これらの作業によって得られた新たなゴールを下位ゴールと呼び，ゴール間に，目的と手段という依存関係を定義する．ゴール間の依存関係には，上位下位の他に下位ゴールの代替関係やゴールの競合関係，共生関係がある．

　このように，ゴール分析を行うことによって，ステークホルダのゴールを達成するために，システムがどのような要求を実現しなければならないかを明らかにすることができる．

　一方，ゴールは理由と表裏一体であるので，抽出した要求がなぜ必要のか，あるいは，どのゴールを達成するために必要かという理由を表すことにも用いることができる．

　このように，ゴール分析によって要求の重要性を明らかにする．

1.5.4　シナリオ分析：ユーザの視点で要求を明確にする

　シナリオは，ユーザがシステムを使用する具体的な手順を，人々が行う活動，彼らに対して起きること，状況の変化などを用いて，時系列で著した記述である．この記述から，ある特定の活動が，達成すべきであると期待されているゴールの達成を容易にしたり，困難にすることを示したりできる．また，既存の製品やソフトウェアと，利用者とのインタラクションをシナリオで記述することによって，使用状況を明確にすることもできる．

シナリオの表現には，自然言語に加え，ストーリボード，ビデオ，アニメーション，プロトタイプなどが使われることもある．自然言語で記述されたシナリオは，修正や詳述が容易である．ストーリボードやビデオなどを用いることによって，より具体的に状況を理解することも可能となる．

ユーザストーリ，あるいは，単に，ストーリとは，ユーザが製品やソフトウェアに対して期待している価値や使用する目的を記述したものである．一般に，シナリオより記述内容は広く，システムのコンテキストや挙動，因果関係など，多様な情報を記述できる．

1.5.5　エンタープライズ分析：対象システムの枠組みを明確にする

エンタープライズ分析は，企業や官公庁などのエンタープライズの構造や業務の構造を明らかにするために行われる．しかし，現実世界の組織やそこで行われている業務の構造を明らかにすることと，情報システムの構造を明らかにすることとの間には，その視野に大きな差がある．たとえば，組織単位の相互作用を観察することが業務の機能の分析であるとしたら，情報システムでは，機能間のデータの送受信という形になるであろう．また，データに着目するのであれば，業務の分析では，帳票や伝票，具体的な指示内容などが分析対象となるが，情報システムでは，実体関連図やクラス図を用いて，取り扱われる情報の構造を分析することになろう．エンタープライズ分析では，両者の視野の差をいかに整理するかが重要な課題である．

これらの視野の差異を段階的に詳細化することで対処し，さらに，対象システムを複数の視点を用いて分析する枠組みとして，5W1Hに基づく分析の枠組みがある．その具体的な例として，図1.5.5-1にZachmanフレームワークを示した．

Zachmanフレームワークでは，対象システムを分析する視点は5W1Hの6つである．分析の視野は，スコープやビジネスコンテキストと呼ばれる，情報システムを取巻く環境も対象とした分析から始め，企業モデル/概念モデル，システムモデル/論理モデルの構築を経て，技術/物理モデルまでの詳細化を網羅している．詳細レベルでは，プログラムやデータ定義，物理的なコンピュータやソフトウェア部品を記述する．要求獲得では，上位2層，あるいは3層までを扱う．特に，スコープ/コンテキストを分析することで，要求を提示す

	(What) データ	(How) 機能	Where ネットワーク	Who 人	When 時	Why 動機
スコープ/ コンテキスト	ビジネスエ ンティティ	機能 (プロセス)	地理的位置(配 置)	組織図, 職 務記述	イベントリス ト	ビジネス戦 略/ゴール
企業モデル/ 概念モデル	実体関連 (ER)モデル	プロセスフ ロー	ロジスティク ネットワーク	組織図	イベントモデ ル(工程表)	ビジネス計 画/ゴール木
システムモデル/ 論理モデル	データモデ ル	データフロー 図(DFD)	分散システム アーキテクチャ	職務関連図 (WBS)	イベント図	ゴール木/ ゴール図
技術/ 物理モデル	データ設計	木構造図	システムアー キテクチャ	職務仕様	イベント仕様	ゴール木/ ゴール仕様
詳細/ サブコントラクタ	データの詳 細定義	プログラム (関数など)	ネットワーク アーキテクチャ	職務明細書/ 作業指示書	イベント詳細	ルール詳細

図 1.5.5-1 Zachman フレームワーク

るステークホルダに影響を与える様々な要因を抽出することが可能となる．これらの要素は，環境要因と言われるものであり，要求獲得に影響する要因となる．

1.6 要求分析

1.6.1 要求分析とそのプロセス

　要求分析は要求獲得で得た要求の要素を分類し，構造化し，さらに優先順位付けなどを行い，ステークホルダと合意する一連の活動である．これを図1.6.1-1に示す．

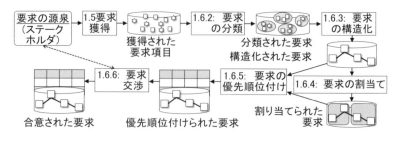

図 1.6.1-1 要求分析プロセス

　要求獲得でも，ある程度の要求の分類，構造化を行うことから，要求獲得と要求分析の要素技術は重複しているものも多い．ただし，要求分析では，必要

であれば，要求を実現するうえで事業や，他の情報システム，ソフトウェアアーキテクチャの制約と整合をとらなければならない．また，優先順位付けを行うことによって，実現可能性，必要性，効果などに基づいて要求を絞り込む必要もある．

1.6.2 要求の分類

要求の分類では，要求獲得で獲得した要求の要素を図1.6.2-1に示すように分類する．
(1) 要求の分類基準
　1) 要求のスコープによる分類
　　　要求獲得によって得られた個々の要求は，様々なスコープにまたがっている．そのため，獲得された要求を図1.3.3-1で示したビジネス／プロダクト要求，システム要求，ソフトウェア要求の要求スコープに従って分類する．
　2) 要求の特性による分類
　　　要求を機能要求，非機能要求に分類し，非機能要求をさらに品質要求，法令遵守，制約等に分類する．非機能要求の中に，ビジネスルールや外部インタフェースを含めることもある．
　　　必要に応じて，品質要求を性能，信頼性，保守性，相互運用性等

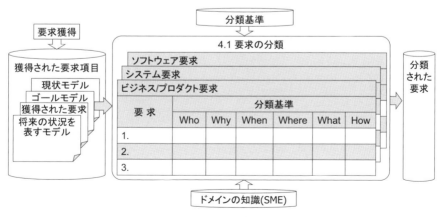

図 1.6.2-1　要求の分類

に分類する．この分類では，ソフトウェアの品質特性 ISO/IEC9126 やその後継である ISO/IEC25000 シリーズを用いることが多いが，システム特性に応じてその他の品質要求を追加することもある．

3) 要求の内容による分類

各要求に対して，重要度，緊急度，難易度，安定度等の属性に適切な値を入れ，必要に応じて，属性値に基づいて要求を分類する．要求属性にコストや使用頻度を含めることもできる．ここで定義された分類は，要求間の変更管理や追跡管理といった要求管理で用いる．さらに要求の優先順位付けに用いることもある．

(2) 要求の分類方法

次のような要求の分類方法を適用できる．

1) グループ化，クラスタリングの一般的な方法

要求の特性ごとにラベルを付与し，ラベルごとに集約する．

2) KJ 法
3) マインドマップ

1.6.3 要求の構造化

要求間の依存関係や一貫性を明らかにする．図や表などを用いて要求を整理し，要求間の関係を明確化する．文章による要求をどこまで図表などを用いてモデルにするかは，要求アナリストのモデル化のスキルに加えて，要求分析に関与するアクタのモデルを読み取るスキルにも依存する．モデルのよしあしは要求交渉や合意形成に影響を与える．要求の構造化には次のような方法がある．

(1) 5W1H による構造化

現実世界および要求を 5W1H の観点でモデル化する．5W1H という 6 つの視点でモデリングすることにより，複雑な現実世界および要求を多面的に捉えることが可能となり，漏れが少なく記述することができるようになる．5W1H は要求アナリストでなくても分かりやすいことから，これらのモデルを用いることで，ステークホルダおよびアクタ間でのコミュニケーションが行いやすく，要求の合意も得やすくなる．

1) Why

Whyでは目的や方針に基づいて要求を分類する．Whyは要求の理由付けであるので，Whyの視点から要求を分類することで，要求とその根拠との関係が明らかになる．また，Whyはゴールと表裏一体であるので，ゴールと置き換えてもよい．そのため，あるゴールを達成するための要求をまとめることができる．これによって，ゴールの達成に貢献しない要求を検出できる．このようにして，不要な要求を排除することにも役立つ．

2) Who

Whoでは組織や人に基づいて要求を分類する．Whoの視点で要求を分類するために，タスクと権限の関係を分析することも含む．Whoの視点から要求を分類することで，Howの視点のモデル，たとえば，業務フローやユースケース図などと照合し，モデル間の矛盾を発見したり，整合を確認することができる．たとえば，業務フローに登場する組織や担当者が十分かどうかの確認ができる．また，組織変更など将来起こりうる組織の変化を想定する場合の要求変更に，Whoの視点からの分類を適用することもできる．

3) What

Whatではデータや機能に関する要求を分類する．データモデルの要素となる用語集やデータディクショナリは，Whatとして分類されたモデルである．Whatの視点で要求を分類することで，システム対象の概念と，それらの関係が明らかになる．また，要求に含まれる機能に関わる概念の全体像も明らかになる．

4) When

Whenでは時間やイベントに関して要求を分類する．Whenの視点で要求をモデル化することで，イベント，イベントのタイミング，または状態に関する要求の漏れや誤りを防ぐことができる．

5) Where

Whereでは場所や配置に関して要求を分類する．Whereの視点で要求をモデル化することで，業務や利用者の拠点や場所による要求の制約や例外的な要求を導き出すことができる．

6) How

Howでは，手順や順番に関して要求を分類する．Howに分類さ

れる要求には，業務の手順を具体化したシナリオも含まれる．How の視点で要求をモデル化することで，業務の手順に基づいて，業務の遂行に要するコストや効率などを考慮できるようになるだけでなく，ソフトウェアによる業務の効率化に対して，技術的な実現可能性を評価することもできる．

(2) 複数視点による構造化

システム要求，ソフトウェア要求の構造化では，以下の複数の視点を適用した構造化ができる．

1) 構造の視点（静的モデル）

時間によって変化しない構成要素と，構成要素間の関係を捉える視点で要求を分析する．モデルの表記法として，ER 図（実体関連図），UML のクラス図，ブロック図が用いられる．

2) 挙動の視点（振舞いの視点）（動的モデル）

オブジェクトの生成から消滅までを表すライフサイクルを分析することで，オブジェクトの時間変化を捉える．また，オブジェクト間の相互作用を分析することで，各オブジェクトの役割を分析することができる．モデルの表記法として，UML のシーケンス図，コミュニケーション図，状態マシン図，アクティビティ図がある．

3) 機能の視点

システムが果たすべき業務を実現する機能を特定する．業務でとり扱われている情報は，機能への入出力データとして分析する．表記法として，データフロー図（DFD）や UML のユースケース図，アクティビティ図がある．

(3) 非機能要求の構造化

非機能要求のモデルとして，非機能要求グレードや品質機能展開（QFD）を適用できる．これによって，システムに適合する非機能要求を定義できる．

1.6.4 要求の割当て

要求の割当てとは，要求をシステムアーキテクチャやソフトウェアアーキテクチャの要素であるコンポーネントに対応付けることであるとともに，要求の

実現可能性や非機能要求の妥当性を評価する．特に，非機能要求はアーキテクチャの決定に影響するとともに，アーキテクチャによって非機能要求が制限されることがある．このような，要求の割当てによって，実現性のない要求や不適切な要求が判明した場合は，後のステークホルダとの合意形成において要求から削除したり，要求獲得に戻って適切な要求の獲得を図らなければならない．

1.6.5　要求の優先順位付け

　要求の優先順位付けとは，構造化された，あるいは，ソフトウェアに割り当てられた要求に対して，要求の間に，相対的な優先順位をつけることである．優先順位はステークホルダから獲得した要求，ゴール達成に対する要求の貢献度，要求同士の依存関係，開発コスト，開発期間などによって決まる．

　要求の優先順位付けには様々な方法がある．優先度評価の特性や厳密さ，運用の簡便さなどから適切な方法を選んで適用する必要がある．たとえば，次のような方法がある．

（1）プライオリティ方式

　　ステークホルダは5つの選択肢を持っている．各要求に対し，賛成ならばプラス1票，どちらでもよいのならばゼロ票，反対ならばマイナス1票を投票する．その要求が非常に重要だと感じるのであれば，プラス2票を投票し，価値がないと判断したのであればマイナス2票を投票する．選択肢に，「高」「中」「低」の3段階を用いることもある．

　　この手法の長所は要求の重要度を評価できる点にある．短所は，ステークホルダが，すべての要求に対して「プラス2票」や「高」をつけてしまうこともあり，最終的に要求の優先順位をつけられないことがありうることである．

（2）4象限方式

　　各要求に対し，重要か重要でないかという重要度と，緊急か緊急でないかという緊急度を決める．次に重要度と緊急度の二次元平面上の4象限に要求を分類し，優先順位を決める．4象限は以下のとおりである．

　　第1象限1）　高優先順位：重要，かつ，緊急
　　第2象限2）　中優先順位：重要，かつ，緊急でない
　　第3象限3）　低優先順位：重要でない，かつ，緊急でない

第4象限4)　やらない　　：重要でない，かつ，緊急

第4象限の「緊急であるが重要でない」要求は，緊急に惑わされて優先順位を上げてはいけない「やらない」要求を表している．
(3) 優先順位付けマトリクス

それぞれの要求に対し，相対的な優先順位を決定する．大規模プロジェクトや優先順位付けに多くの議論のあるプロジェクトに向いている．

ビジネスのコア機能の実装や，製品の競争優位のために重要な要求，法令遵守のために要求される項目など，必須な要求を明らかにした後，優先順位付けマトリクスを使って残りの機能の相対的な優先順位を検討する．たとえば，顧客にとっての利益，顧客にとっての不利益，費用，技術リスクといった観点を優先順位付けのパラメータとして利用し，要求の各観点ごとにスコアを計算する．これにより要求の優先順位を定量的に評価できるようになる．

1.6.6 要求交渉

要求の交渉とは，要求の範囲や優先順位の妥当性などについてステークホルダが合意を形成するための交渉を行うことである．特に，ステークホルダが競合しているときは，適切にトレードオフを評価することにより，競合の解消を図らなければならない．要求の交渉は，ステークホルダと開発者が仕様化すべき要求の範囲に合意するまで続ける．以下に示すのは，要求の交渉に適用する手法の例である．
(1) ゴールに基づく方法

機能要求，非機能要求における対立点をゴールの達成に対する貢献度で比較して評価し，ステークホルダ間で要求の優先順位の合意を図る．
(2) 段階的合意形成

全ステークホルダがWin-Winの関係となるまで，段階的に合意形成を図っていく．
(3) その他の対立解消の方法

　　a) 協調：問題解決型とも呼ばれる．ステークホルダ全員の関心事を考慮し，各ステークホルダの問題に対する解決策を協調して探る．これによって，全ステークホルダがWin-Win関

係となる解決策を得る．
b) 妥協：共有とも呼ばれる．各ステークホルダが互いに一定の負担や妥協を行うことによって，中間解に合意する．この方法では，必ずWin-Winになるとは限らないが，現実的な解を得られる場合が多い．

1.7 要求仕様化

1.7.1 要求仕様化とそのプロセス

　要求仕様化では，要求分析で得られた要求を規定の書式や表記法で記述する．要求仕様化の成果物は，文書またはその電子版である．この文書は「要求の検証・妥当性確認・評価」において，ステークホルダによって組織的にレビューされ，評価され，承認される．

　分析された要求には，ビジネスのミッションやビジョンに関連する高レベルの要求から，ソリューションそのものの仕様を示す設計，実装に関する要求まで，様々なレベルを含んでいる．ただし，仕様化される要求には，情報システム以外の要求も含まれている．これらの要求を仕様化は，図1.7.1-1に示すように，ビジネス／プロダクト要求の文書化，システム要求の仕様化，ソフトウェア要求の仕様化に分けられる．

　ビジネス／プロダクト要求の文書化では，すべてのステークホルダが読むためのビジネス要求定義書とプロダクト要求定義書を作成する．

　システム要求の仕様化では，導入するシステムの機能，前提条件，制約などを定義したシステム要求仕様書を作成する．これらの仕様書は実現される情報システムに関係する要求者および開発者など，すべてのステークホルダが読者となる．

　ソフトウェア要求の仕様化では，ソフトウェアの機能や入出力などを定義したソフトウェア要求仕様書を作成する．ソフトウェア要求仕様書の読者は開発されるソフトウェアに関係するすべてのステークホルダである．

　ビジネス要求，システム要求，およびソフトウェア要求を記述する仕様書のひな型の国際標準として，それぞれ，IEEE Std. 1362, IEEE Std. 1233, IEEE

Std. 830がある．REBOKでは，これらに基づくだけでなく，これらの標準が制定されて以降の技術変化を盛り込んで，仕様書のひな形と記述ガイドを提供した．図1.7.1-2にIEEE Std. 830に基づくREBOKのソフトウェア要求仕様書の構成を示す．

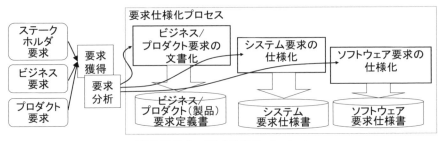

図1.7.1-1 要求仕様化プロセス

(1) はじめに
目的，ソフトウェアの範囲，用語，関連資料，ソフトウェアの概要
(2) 概要
　1) ソフトウェアの展望
　2) ソフトウェア機能概要
　3) ユーザ特性
　4) 制約
　5) 前提条件と依存
(3) ソフトウェア詳細要求
　1) システム特性
　2) 外部インタフェース要求
　3) ソフトウェア機能
　4) ソフトウェア品質要求
　5) 性能要求
　6) 論理データベース要求
　7) 設計制約

図1.7.1-2 ソフトウェア要求仕様書の構成モデル

実際の開発では，発注者などが仕様書の様式を指定する場合もある．しかし，REBOKのひな形を用いることによって，漏れのない要求仕様書を作成でき，また記述ガイドは，要求仕様書を適切に記述するための指針として使うことができる．

1.7.2 要求仕様書記述の指針

(1) 概要

要求を文章で表現する際には，その記述を努めて単純，簡明にする．複雑な文章構造，長い文章や段落，曖昧な用語は可能な限り避けなくてはならない．

(2) 効果

要求が単純な言葉遣いで記述されていれば読みやすく理解しやすい

簡明に書かれた要求は，より多くの人に理解できる．ステークホルダに対する説明の時間を短くすることができるし，より広い範囲の人々が要求の確認に参画できる．

(3) 記述の具体的な指針

要求を記述する際に次のような基本的な記述スタイルを心がけるとよい．

組織で，要求の記述の改善をするためには，このような基本的な記述スタイルについて短く読みやすいガイドを作成し，組織内で共有することを勧める．

1) 一つの文章には一つの要求だけを記述する．

一度に複数の要求について議論したり，ある要求についての議論が抜け落ちたりしないよう，一つの文章には一つの要求だけを記述する．

「そして」，「または」，「加えて」，「さらに」などの語が含まれる場合，複数の要求が含まれる可能性がある．

2) 文章を短くする．

人の記憶には限界があるので，長い文章はそれを理解するために何度も読まなくてはならない．

個々の要求を背景や状況の説明と分ける．

3) 能動的な表現にする

だれ，または何がその行動をとるのか明確にする．

4) 必須，希望，予測を書き分ける

要求が，絶対的なものであるのか，希望であるのか，を記述スタイルで書き分ける．たとえば以下のように言葉に一貫した意味を持

たせる．
「する」要求が絶対的であることを意味する．
「べきである」要求が望ましい場合，しかし絶対ではないことを意味する．
「であろう」外部から提供されるであろう何かを示す．
5) 一貫した用語を用いる

　　時と場合によって別のことを意味する言葉は混乱を引き起こす．特に異なった人々が文書の異なった部分を記述する際にはこの傾向は顕著になる．すべてのステークホルダが理解できるという確信がない限り，通語，略語，頭字語などを用いることも避ける．同じ用語が異なった分野では異なった意味を持つことがあることに注意する．

　　用語の混乱を防ぐためには，用語辞書を作成することは良いプラクティスである．
6) 複雑な関係を表現するときには，図や表を使う

　　情報の順序を表現するためにはリストや表を用いる．また，複雑な関係を表現する場合には図を活用する．
7) 関連番号のみの参照を用いてはならない

　　他の要求，表，図を参照する場合には，参照番号とともに何を参照しているかを簡単に記述すること．単に番号だけでは，それを読む人は何を意味しているのか分からない．
8) スペルや文法に注意を払う

　　スペルや文法のまちがいは文章の意味を変えてしまう．スペルチェッカの活用も有効である．

1.8　要求の検証・妥当性確認・評価

1.8.1　要求の検証と妥当性確認

REBOKでは，要求の検証と妥当性確認を次のように定義した．
(1) 要求の検証：要求仕様書が一貫性，無曖昧性，完全性を満たし，その記

述に誤りがないことを検証すること．
(2) 要求の妥当性確認：要求仕様書がステークホルダと合意した要求を満たしていることを確認すること．

　検証と妥当性確認は，ソフトウェア工学における定義 [1] に対応する．しかし，要求工学で，この定義が確立したのは比較的最近である．要求工学を実践するためには，これらの概念の違いを認識し，検証と妥当性確認を適切に行うことで，要求仕様書の品質を保証し，プロジェクトの成否とシステムの品質を保証できるようにならなければならない．

　図 1.8.1-1 に，要求の検証と妥当性確認のプロセスを示す．これらの活動で検証，および確認する内容を以下に紹介する．

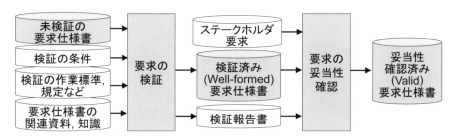

図 1.8.1-1　要求の検証と妥当性確認プロセス

1.8.2　要求の検証

要求検証で検証すべき主な要求仕様書の特性を表 1.3 に示す．
要求の検証で発見すべき，要求仕様書の主な欠陥を表 1.4 に示す．

1.8.3　要求の妥当性確認

　要求のスコープに応じて，ビジネス / プロダクト要求，システム要求，ソフトウェア要求，それぞれステークホルダーと合意した要求を満たしているか妥当性確認が必要となる．ただし，システム要求，ソフトウェア要求では，その直上位の妥当性確認済みの要求仕様を所期の要求として，それに照らして妥当性確認を行うことができる．

表 1.3　要求仕様書が満たすべき特性

特　性	意　味
完全性	要求者が求めた事項が漏れなく記述されており，すべての重要な用語の定義，すべての図版の番号，すべての参照など，文書を構成する要素がすべて含まれていること．
一貫性	記述された要求の間に矛盾がないこと．
無曖昧性	記述が曖昧でないこと．すなわち，一つの文の解釈が二つ以上ないこと．
追跡可能性（トレーサビリティ）	要求の源泉となる文書や，次の工程の成果物である設計仕様書の記述と，要求仕様書の記述とを関連付けて追跡することが可能であること．
法令順守（コンプライアンス）	開発するソフトウェアが準拠すべき法律や規制などが明示されており，記述されている要求がそれらに準拠していること．
実現可能性	記述された要求が，要求されている環境などの制約のもとで実現可能であること．

表 1.4　主要な要求欠陥

欠　陥	内　容
漏れ	要求そのものが漏れている．
矛盾	要求間で矛盾がある．
不足	要求が十分に記述されていない．
曖昧	要求の記述が曖昧である．
測定不可 / 評価不可	開発されたソフトウェアが，記述されている要求を満たしているか否かを，有限の資源で評価したり測定したりできない．
ノイズ	無意味な要求である．
過剰	過剰な要求である．
実現不可	制約条件の下で実現できない要求である．
理解不可	理解できるように記述されていない要求である．
構成不良	表記法などにのっとった記述でなかったり，構成が適切でない要求である．
前方参照	要求の項目や用語が未定義のまま用いられている．
変更困難	要求の一部の変更が要求全体に波及するなどの，変更が困難な定義や記述となっている．
不透明 / 不明瞭	根拠が不明であったり，依存関係や責任者が不明な要求である．
不親切	要求の内容が記述されてない，あるいは，後で記述することになっているなど，読者が要求の内容を理解できるように記述されていない．

1.8.4　要求レビュー

　要求レビューは要求仕様書の検証と妥当性確認のために有効な方法として広

く適用されている．要求の仕様化に関与するアクタ／ステークホルダが要求仕様書の内容が，ゴールの達成に寄与することを確認する．しかし，要求レビューを有効に行うためには，要求に適した適切なレビュー技術が必要である．要求レビューの技術として，(1)構造化ウォークスルー，(2)チェックリスト，が一般に用いられている．これらは，併用できる．

(1) 構造化ウォークスルー
定められた手順に従って，要求仕様書を読み合わせる．
(2) チェックリスト
チェックリストには，次の2種類の項目を含む．
1) 仕様書の内容に関するチェック項目
2) 仕様書の表現に関するチェック項目

1.8.5 要求プロトタイピング

要求プロトタイピングは，要求の妥当性を確認するために，プロトタイプを作成して，確認する内容を可視化する技術である．動的な振舞いなどを含む要求仕様は文書で理解することが困難であることから，プロトタイピングを適用すると効果的である．ユーザインタフェースに関する要求など，システムの振舞いに加えて人間の感性に関係する要求仕様にも，プロトタイピングが有効である．

プロトタイピングは，プロトタイプによる検証スコープ，プロトタイプの実現手段，プロトタイプ作成後の方針によって分類される．複数の種類のプロトタイプを組み合わせる場合もある．表1.5に，プロトタイプの組合せの方針を示した．

各プロトタイピングは個々に目的も異なり，メリット，デメリットもある．また，当該プロトタイピングが適用される開発プロセスも異なる．

表 1.5 プロトタイピングの組合せ

検証スコープ	実現手段	プロトタイプ作成時の方針 進化型	プロトタイプ作成時の方針 使い捨て
水平	ペーパ	―	○
水平	電子的	○	○
垂直	ペーパ	―	―
垂直	電子的	○	○

1.9 要求の計画と管理

1.9.1 要求の計画と管理とプロジェクト管理

　要求の計画と管理は，実践では必須であるが，これをまとめた書籍は極めて限られており，その内容も十分とはいえない．また，プロジェクト管理とも関連する領域である．このため，REBOK ではプロジェクトマネジメント知識体系（PMBOK）[21] との対応も考慮して知識を整理，体系化した．この中で，要求工学の技術としてトレーサビリティとそれを考慮した変更管理が重要である．

　要求の計画と管理の枠組みをプロジェクトマネジメント（PM）の枠組みである PMBOK と関連付けて図 1.9.1-1 に示す．図に示すように，要求の計画と管理は PM では規定されないプロジェクトの入力となる要求開発の計画と管理を規定している点で PM を補完する．要求の計画と管理と PM を適切に組み合わせることが必要である [3]．

　要求の計画と管理の対象は，要求開発を遂行する要求工学プロセスと，その入出力となる成果物，ならびに，要求開発を遂行するための人材や時間などの開発資源である．しかし，要求開発の成果物である要求仕様書は業務や開発対象の情報システムそのものであることから，要求の計画と管理の対象は，最終的には業務や情報システムとなる．この点に要求マネジメントの重要性がある．

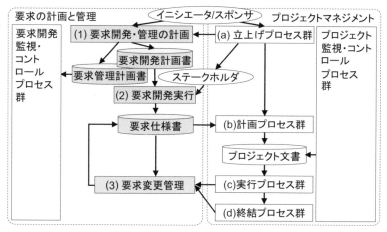

図 1.9.1-1 要求の計画と管理とプロジェクトマネジメントとの位置付け

1.9.2 要求の計画と管理のプロセス

図1.9.1-1に示すように要求の計画と管理は次の3段階から成る．
(1) 要求開発・管理の計画
　　要求開発・計画を遂行するための開発とその管理方法，資源と成果物などを決定し，要求開発・管理の遂行の計画を立案する．特に，大規模プロジェクトでは要求開発それ自体が一つのプロジェクトとなるので，要求開発の開始に先立って計画を立案する必要がある．
(2) 要求開発実行
　　要求開発プロセスを遂行する．そこで得られる要求仕様書などの文書や遂行のスケジュールを管理する．
(3) 要求変更管理
　　要求仕様書などの文書をシステム開発の進行に応じて変更を管理する．さらに，開発後にも業務や情報システムの変更要求に応じてその変更を管理する．

1.9.3 要求文書の管理

要求仕様書などの要求文書はシステム開発におけるもっとも重要な文書であ

るとともに，その変更は後工程に大きな影響をおよぼす．要求文書を管理する仕組みを確立することが，要求マネジメントの基礎となる．

　要求文書管理のために要求文書に付加する情報を要求属性と呼ぶ．要求開発・管理の計画において，要求属性を定める必要がある．要求属性としては次のような情報が用いられる．
(1) 基本属性：識別情報（ID），作成者，日時，要求の源泉，など．
(2) 要求内容に関する属性：重要度，緊急度，コスト見積り，制約条件，など．
(3) 要求の状態を示す属性：要求の状態（提案，承認，検証済み，など），優先順位，リスク，など．
(4) 要求の関連：トレーサビリティ，要求間の依存関係，など．

1.9.4　要求管理の実際

(1) 要求スコープの管理

　要求スコープとは盛り込むべき要求の範囲である．一般に，ステークホルダは要求を意識しなかったり，表明しないこともあることから，その境界を特定することは困難である．要求のスコープを適切に管理しないと，要求仕様書にスコープを越えた過大な要求が盛り込まれることになる．これをスコープクリープと呼び，開発が破たんする原因となる．

　スコープは適切に分けて管理する．まず，ビジネス／プロダクト要求，システム要求，ソフトウェア要求の3段階のスコープに分け，段階的に管理することが基本となる．個別の要求に対しては，まず達成すべきゴールを定め，ゴールに基づいて要求の必要性を視覚化し，評価，優先順位付けする．さらに，システムの障害や災害などの例外事象に対する検討範囲とそのリスク，リスクに応じた事業継続計画（BCP）などの検討項目を考慮する必要がある．

(2) 要求トレースの管理

　要求トレース管理とは，個々の要求の源泉からソフトウェアとしての実装までを記録し，その間の関係を明らかにすることである．トレース可能である性質をトレーサビリティと呼ぶ．

　図1.9.2-1に示すように，トレーサビリティには源泉から実装に向か

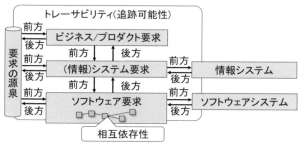

図 1.9.2-1 要求トレース

う前方トレーサビリティと，実装から源泉に向かう後方トレーサビリティがある．これに対して，要求仕様書内での要求要素間の関係を相互依存性と呼ぶ．

要求がトレース可能となるためには，要求仕様化，ならびに，ベースライン登録にあたって，要求トレースのための関係付けを要求属性として設定する必要がある．

トレース情報は，要求開発プロセス，ソフトウェア開発プロセスに沿って，維持管理できる必要がある．これは人手では困難であるので，一般に要求トレースを支援する要求管理ツールが適用されている．たとえば，要求トレースを表現する簡易な方法として，要求トレーサビリティマトリクス（RTM）が用いられている．

ソフトウェアの不具合が人命に影響を及ぼす可能性のある組込みシステムでは，近年，機能安全性の実現が求められている [12]．この中で要求トレーサビリティは重要な管理技術となっている．

(3) 要求の変更影響分析

要求変更においては変更が及ぼす影響範囲を正確に知る必要がある．これを変更影響分析，あるいは，単に影響分析と呼ぶ．影響分析によって，要求変更が他の要求や構成要素に与える次のような影響を特定できる．

1) 変更の実施により他の機能や構成要素，下流工程に与える潜在的影響（波及効果）を特定する．
2) 変更の実施により修正が必要となる成果物や文書を特定する．
3) 変更に必要な作業，工数を見積る．

影響分析は次の二つの影響伝播の経路に着目することにより，影響を特定する．
1) 要求トレースに基づく影響伝播：要求の変更が設計や実装などの後続する開発に及ぼす影響の伝播を分析する．
2) 要求間の相互依存性に基づく影響伝播：相互依存性とは要求間の相互依存関係である．ある要求の変更が他の要求に及ぼす影響の伝播を分析する．相互依存性は，機能仕様要素間に加え，機能仕様と非機能仕様間も考慮する必要がある．非機能仕様は品質要求，開発制約，法令順守などを含む．

図1.9.3-2に要求の変更影響分析の例を示す．

(1)システム要求1.2に変更要求が発生したとする．この変更は，(2)システム要求1.2の直上のビジネス要求1に遡及し，(3)(4)関連システム要求1.3へ波及する．その結果，(5)機能要求1.3.1に変更が必要となるが，機能要求1.3.2は変更の必要がないことがわかる．

(4) 要求仕様書の変更管理

要求仕様書の変更管理プロセスを図1.9.3-3に示す．要求変更管理のプロセスは次のようになる．

1) 要求ベースライン登録

ステークホルダと合意され，承認された要求仕様書を開発のベースラインとしてリポジトリに登録する．ベースラインは以後の開発の基準となる．

2) 要求変更の受け付け

ベースラインに対する変更を変更一覧などの規定の書式で受け付

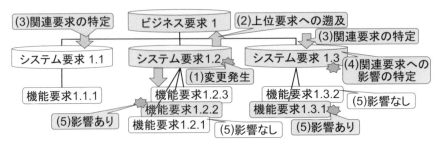

図1.9.3-2 要求の変更影響分析

ける.
3) 変更の影響分析

変更がもたらす影響を分析する．併せて，変更に必要なコストなどを見積もる．
4) 変更の審査

影響分析に基づき，盛り込むべき変更を審査する．ステークホルダと審査した変更の合意形成を図り，承認を得る．これに基づき，ベースラインを改版する．
5) 要求仕様書の変更

承認された変更を要求仕様書に盛り込む．
6) 要求仕様書の検証

要求仕様書が正しく変更されたことを確認する．

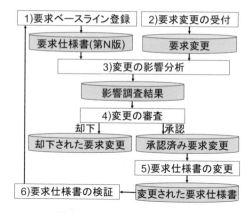

図 1.9.3-3　要求の変更管理

第2章 要求分析の概要

2.1 システム要求定義における要求分析
2.2 機能要求と非機能要求
2.3 要求分析アクティビティ

2.1 システム要求定義における要求分析

本実践ガイドでは図に示すようなステークホルダに対する要求のスコープおよび要求プロセスを対象とする．また，開発プロセスは，共通フレーム2013 [10] に基づき規定している．共通フレームにおいて，企画プロセスの目的を，経営・事業の目的，目標を達成するために必要なシステムに関する要求の集合とシステム化の方針，およびシステムを実現するための実施計画を得ることとしている．本書で対象とするビジネス要求からシステム要求を対象とした要求定義活動はこのプロセスに相当する．

このような開発プロセスを想定した場合，要求工学のプロセスは以下のような流れになる（図2.1-1 参照）．
(1) 要求獲得：要求定義プロセスの初期においてステークホルダを洗い出し，要求を獲得する．
(2) 要求分析：要求獲得のアウトプットである獲得要求をもとに，要求分析の一連のアクティビティ，つまり「要求分類」，「要求の構造化」，「要求の割当て」，「要求の優先順位付け」および「要求交渉」を実施し，その中で適宜情報システム部門と業務部門

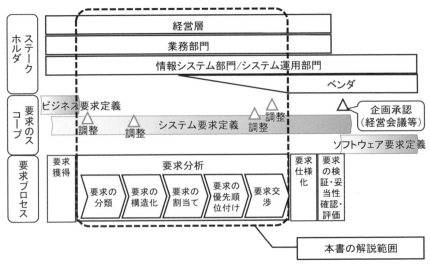

図 2.1-1　対象開発プロセスと要求分析プロセス

の間で調整を行う．
(3) 要求仕様化：要求分析のアウトプットとして，システム化の方針およびシステムを実現するための実施計画が得られるので，規定の書式や表記法で記述する
(4) 要求の検証・妥当性確認・評価：仕様化された要求に対して，システムとして本当に構築できるのか？上位のビジネス要求を満たすシステムの要求が定義できているのか？といった観点から精査を実施し，最終的には経営会議等での手続きを経て承認される．

システムには図 2.1-2 に示すように，システムの利用者をはじめ開発・運用

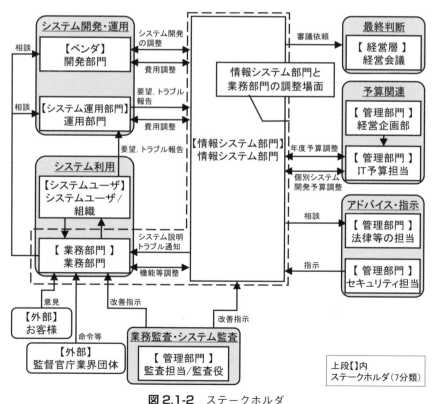

図 2.1-2　ステークホルダ

者，システムの開発・運用に関する予算の意思決定者や外部の業務・システム監査者など様々なステークホルダが存在する．本実践ガイドは，システムの開発に際して，システム化方針および実施計画を立案する情報システム部門が，業務の実施者およびシステムの利用者である業務部門との要求の整理，調整場面で活用することを想定して作成している．

2.2　機能要求と非機能要求

　要求は機能要求と，非機能要求に分けることができる．
　機能要求とは，システムが果たすべき機能的効果，働きである．たとえば，「営業情報をシステム上で共有し把握したい」「受発注情報に連動した在庫管理を行いたい」などである．本実践ガイドの中では，システム化要求として整理されるものが該当する．
　一方で非機能要求とはシステムが機能要求を果たす上での特性である．
　非機能要求は，さらに品質要求と制約，法令順守に分けることができる．
　本実践ガイドでは，業務部門からの業務改善要求を基に検討を進め，下記の成果物（表2.1）で整理をしている．

表2.1　非機能要求の記述

非機能の大分類	内　容	本実践ガイドの記述例
品質要求	機能を発揮する際の品質に関する要求	要求の割当て 「サービスレベル一覧」
法令順守	業務上遵守すべき法令などを満たすための要求	要求の分類 「要求の分類表」
制約	コストや納期などの開発上の制約，採用が決定しているOSやミドルウェアなどアーキテクチャ	要求の分類 「要求の分類表」

　品質要求とは，システムが機能を発揮する際の品質に関する要求である．「営業情報をシステム上で共有し把握したい」という機能要求について，たとえば，それを実現するサービスは，24時間運用するか，特定の時間帯とするかは品質要求の一つである．本実践ガイドでは，要求の割当てにおいてサービスレベルの設定を整理することとしている．

法令順守とは，情報や情報システムの取扱いに関しては，関連する法令で規定されていることがあるため，これらを満たすための要求である．前述の営業情報の共有であれば，含まれる個人情報の取り扱いなどが考えられる．

制約は，アーキテクチャ制約と開発制約があるが，アーキテクチャ制約は採用が決定しているOSやミドルウェアなどが該当し，開発制約は要求の実現する際のコストや納期などの制約が該当する．本実践ガイドでは，コストおよび納期について，要求の分類の際に要求分類表の希望事項として整理することとしている．

これらは，あくまで本実践ガイドでの例である．各章の記述の指針では，非機能要求の実践の秘訣を記載しているので併せて検討してほしい．

2.3　要求分析アクティビティ

本実践ガイドでは，要求分析アクティビティと作成成果物の関係を図2.3のように整理している．

要求の分析のインプットは，曖昧さを含む業務部門からの要望である「獲得要求」である．獲得要求は，業務において何を実現したいといった業務部門の思いと場合によっては予算と期限といった制約事項からなるが，なぜその要求を実現するべきなのか，どのように実現するかなどは整理されていない場合が多い．

要求分析のアウトプットは，経営・事業の目的，目標を達成するために必要なシステムに関する要求とシステム化の方針をまとめた「企画検討結果チェックシート」，およびシステムを実現するための実施計画をまとめた「システム変更スケジュール案」および「システム変更費用超概算見積」が得られる．

図2.4に要求分析の5つのアクティビティで作成される11個の成果物の流れを示す．アクティビティ「要求の分類」では成果物「要求分類表」が作成される．成果物「要求分類表」は，業務部門からの改善要求に基づき作成され，後続のアクティビティ「要求構造化」，「要求の割当て」のインプットとなる．アクティビティ「要求の構造化」では業務改善要求が段階的に詳細化されていき，成果物「要求展開図」においてシステム化要求が定義される．改善対象の業務の流れを表現した成果物「業務概要図」も併せて作成される．主にシステ

第2章 ◆ 要求分析の概要

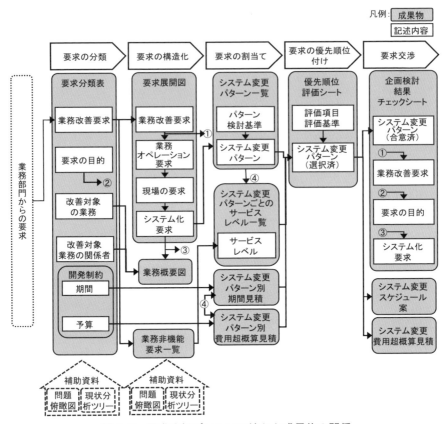

図2.3 要求分析プロセスの流れと成果物の関係

ム化要求の内容に基づき，アクティビティ「要求の割当て」において成果物「システム変更パターン一覧」，「システム変更パターンごとのサービスレベル一覧」が作られる．また，期間や予算といったプロジェクトの制約条件を踏まえて，システム変更別の期間や費用が見積られる（成果物「システム変更パターン別期間見積」，「システム変更パターン別費用超概算見積」）．こうして定義された複数のシステム変更パターンの中から最適なものを選ぶため，次のアクティビティ「要求の優先順位付け」において成果物「優先順位評価シート」が作成される．最後のアクティビティ「要求交渉」は，最終的に選択されたシステム変更パターンの内容を評価し，プロジェクトの実施計画を立案する．これらの内容は三つの成果物「企画検討結果チェックシート」，「システム変更スケジ

ュール案」,「システム変更費用超概算見積」に反映される.
次項より,要求分析の各アクティビティの目的と成果物について概説する.

2.3.1 要求の分類

要求分類の目的は,要求アナリストが,要求獲得の活動を通じて業務部門から得られた業務改善要求の内容を整理することである.主に業務改善要求の目的,改善対象の業務,そして改善対象業務の関係者を明らかにする.また,要求の実現に際して予算や期限など業務部門の開発制約があればこれらも明らかにする.
要求分類の結果は,要求分類表にまとめる.
業務部門からの業務改善要求が十分に整理されていない,あるいは,曖昧や不明なため要求の分類表が記載できない場合には,それぞれ下記の補助資料を作成し,整理および明確化を行う.
業務改善要求が十分に整理されていない場合:KJ法による問題俯瞰図
業務改善要求に曖昧,不明な点がある場合:現状分析ツリー

2.3.2 要求の構造化

要求の構造化の目的は,要求分類の活動を通じて具体化・詳細化された業務改善要求の内容から,システム化要求の導出を行うことである.業務改善要求からシステム要求に段階的にブレークダウンしていく過程では,それらの因果関係や整合性も明らかにする.その上で,必要に応じて要求の漏れ,矛盾,曖昧さを検出・是正することも行う.これら検討は,「要求展開図」に記述される.
要求展開図を記述する際に,多角的な観点からの検討ができているか,ブレークダウンした要求が業務改善と整合しているかを確認するには以下のような副資料を用いる.
KJ法による問題俯瞰図
　業務改善要求の内容をブレークダウンする際に,多角的な観点から検討する
現状分析ツリー
　ブレークダウンされた要求が,業務改善と整合することを確認する

システム化要求を導出した後には，現状の業務を俯瞰して，システム化要求が実現した場合の業務の変更範囲と内容も確認する．併せて，システム化要求の実現後の業務が，業務部門からの業務改善要求と矛盾しないことを確認する．この結果は，「業務概要図」に記述される．

2.3.3 要求の割当て

　要求の割当ての目的は，アクティビティ「要求の構造化」を通じて導出されたシステム化要求に対し，実現可能なシステム変更の範囲や効果を把握するため，複数のシステム変更パターン案を作成することである．この検討の結果は「システム変更パターン一覧」に記載される．また，作成したシステム変更パターンごとのサービスレベルを設定する．

　さらに，システム変更パターンおよびそのサービスレベルを実現する際の超概算の期間や費用の見積りとして，「システム変更パターン別期間見積」および「システム変更パターン別費用超概算見積」を作成する．

2.3.4 要求の優先順位付け

　要求の優先順位付けの目的は，複数のシステム変更パターンの候補から，本案件において優先的に実施するべきシステム変更パターンの選択を行うことである．このために，複数のシステム変更パターンへの優先順位付けをするための評価項目と評価基準の設定を行う．この結果，システム変更パターンの選択結果，およびその根拠を文書化する．

2.3.5 要求交渉

　要求交渉の目的は下記について業務部門と情報共有・合意形成をすることである．それぞれに対して，これまでの検討結果をまとめ，最終調整を行った上でその結果と理由を記述する．

(1) 選択したシステム変更パターンが業務を確実に改善することを検証できていること．
　　「企画検討結果チェックシート」にまとめる．

(2) 選択したシステム変更パターンが，期限や予算などの制約事項の範囲内で実現できることを検証できていること．
　「システム変更スケジュール案」および「システム変更費用超概算見積」にまとめる．

第 2 章 ◆ 要求分析の概要

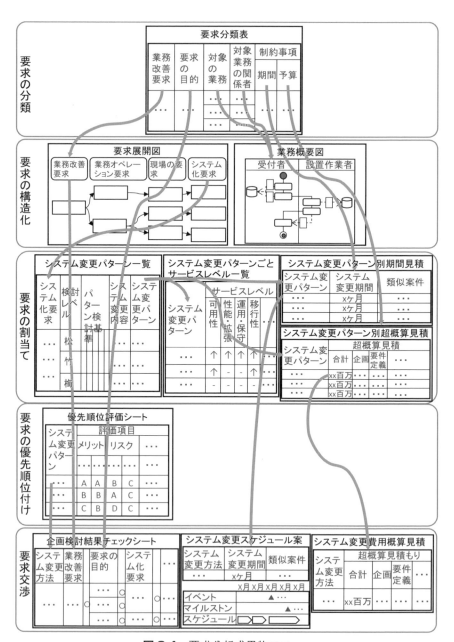

図 2.4　要求分析成果物フロー

第 2 部
要求分析の実践

第 3 章　要求分析の対象業務とアクティビティ
第 4 章　要求の分類
第 5 章　要求の構造化
第 6 章　要求の割当て
第 7 章　要求の優先順位付け
第 8 章　要求交渉

第3章
要求分析の対象業務とアクティビティ

3.1 〔実践例〕スマートメータ設置手配業務
3.2 要求分析の各アクティビティの構成

3.1 〔実践例〕スマートメータ設置手配業務

本章では，次のようなスマートメータ設置手配業務を対象に要求分析を行う．本業務の登場人物は以下の三者である．

(1) インフラ提供会社：水道，ガス，電力，通信などインフラを提供する会社
(2) 顧客：インフラ提供会社のサービスを利用する人・組織
(3) スマートメータ設置会社：顧客のインフラ利用状況の計測・収集を行う機器（スマートメータ）を，顧客の住居等に設置を行う会社．

　本業務では，顧客からの申込みによりスマートメータの設置の手配を行う．インフラ提供会社が，顧客からスマートメータの設置申込みを受付けた後に，スマートメータ設置会社との間で設置作業の手配を行う．そして，顧客との間で設置作業日を調整するまでの業務を対象としている．

　現状の業務では，顧客からの設置申込みはインターネットおよび電話で受け付けているが，申込みから設置までに時間がかかることが，クレームの原因となっている．このため業務部門は，今回のシステム変更により顧客のスマートメータ設置申込みから設置までの期間を短縮したいと考えている．システム部門では，業務部門の業務改善要求を受けて現在利用しているシステムに対する変更の検討を行うプロジェクトを立ち上げた．一方で，6ヵ月後には，設置申込者に対するキャンペーンが始ま

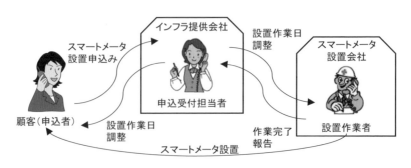

図 3.1-1　スマートメータ設置手配業務

ることから,それまでにシステムをリリースできることが強く求められている.

3.2 要求分析の各アクティビティの構成

次章以降の各章では,要求分析の5つのアクティビティを解説する.各章は,図3.2-1に示すようにアクティビティの概要と狙い,アクティビティの内容およびそのアクティビティを実施するに当たって作成する成果物の解説からなる.さらに,要求分析を実践するに際して,適切と思われるノウハウを要求分析プラクティスとしてまとめ,本文中に紹介している.プラクティスとして統一的に理解でき,参照できるようにするため,プラクティスの記述形式を定めている.プラクティスは,問題と解決方法を一対にして記述している.問題の記述では,問題そのものに加えて問題の背景も記述する.

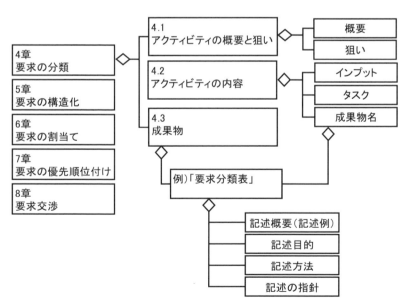

図 3.2-1 要求分析アクティビティの記述構成

第4章
要求の分類

4.1 アクティビティの概要と狙い
4.2 アクティビティの内容
4.3 成果物
4.4 実践の秘訣

第4章 ◆ 要求の分類

4.1 アクティビティの概要と狙い

4.1.1 概要

アクティビティ「要求の分類」では，要求アナリストが，要求獲得の活動を通じて業務部門から得られた業務改善要求の内容を整理する（図4.1.1-1）．主に業務改善要求の目的，改善対象の業務，そして改善対象業務の関係者を明らかにする．また，要求の実現に向けた予算や期限に関する業務部門の希望も明らかにする．そのうえで，個々の業務改善要求の内容を文書化し，後続の要求

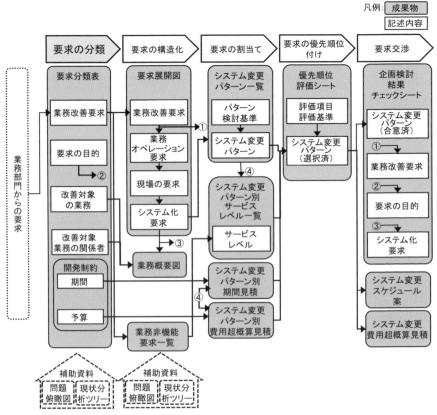

図 4.1.1-1 要求分析のアクティビティ，成果物，検討項目

分析のアクティビティにおけるベースラインとする．

4.1.2 狙い

アクティビティ「要求の分類」の実施を通じて，以下の状況が達成できていることを狙いとする．
- 業務部門から得られた業務改善要求の内容を漏れなく把握して，文書化ができている．
- 文書化された業務改善要求の内容について，ステークホルダ間（主に業務部門と情報システム部門）で認識のズレがなく合意形成ができている．

4.2 アクティビティの内容

4.2.1 インプット

要求獲得の活動で得られた「業務改善要求」をインプットとする．なお，本アクティビティの開始時点では，図4.2.1-1に記すような業務部門からの思いやニーズのみが記述された内容を想定している．これらの内容に基づき後述するタスクが実施される．

> 顧客のスマートメータ設置申込みから設置までの期間を短縮したい．

図 4.2.1-1 要求分析のインプット獲得要求の例

4.2.2 タスク

アクティビティ「要求の分類」では，表4.1に示すタスクにより，業務改善要求の背景にある目的や，改善対象となる業務などを明らかにしていく．実施する過程において作成される成果物の例として，「要求分類表」，「KJ法による問題俯瞰図」，「現状分析ツリー」がある．

表 4.1　要求の分類のタスクと成果物

「要求の分類」のタスク	成果物
(1) 改善要求の目的の整理	・要求分類表 　要求の目的，対象となる業務とその関係者，予算や期間などの希望事項を洗い出して記録する． ・KJ 法による問題俯瞰図 ・現状分析ツリー 　多岐にわたる要求から業務の改善要求や要求の特性を抽出する．
(2) 改善対象の業務と関係者の抽出	
(3) 予算と期限等の制約事項の整理	

(1) 改善要求の目的の整理

　業務改善要求を実現することで業務部門に対してどのような価値をもたらすか（改善要求の目的）を明らかにする．これにより，同じ目的に対する改善要求が複数あれば，それらの改善要求が入れ子（目的と手段）の関係になっていないか？ 同じような内容になっていないか？ といった記述の抽象度や排他関係の確認・精査も可能になる．

　改善要求の目的の例としては以下が挙げられる．

・市場シェア拡大
・顧客の確保，維持
・業務効率向上
・業務品質・精度の向上

(2) 改善対象の業務と関係者の抽出

　業務改善要求を実現にあたり，具体的に改善（作業の見直しやシステムの変更）を行う必要がある業務箇所を特定する．併せて，改善対象となる業務に直接関わる組織や担当者の特定も行う．もし，特定された組織・担当者が業務改善要求の要求元と異なる場合には，十分に注意が必要となる．これらの組織・担当者は，業務改善要求を実現する際には，作業の見直しやシステムの変更を受け入れる当事者となる．要求分析のタスクの最後に実施される要求交渉において，交渉対象となりえるためである．対象業務と関与する組織・担当者の記述例は以下のようになる．

　対象業務／組織・担当者
　・設置申込サービス／申込受付担当者
　・設置作業管理サービス／設置作業担当者

(3) 予算と期限等の制約事項の整理

　業務改善のプロジェクト立ち上げに際して，プロジェクトに割り当て

られている予算や，守るべきプロジェクトの完了期限を明らかにする．完了期限に関しては，その理由も併せて把握するようにする．実際には予算は複数の改善要求を実現するプロジェクトでまとめて一つの金額になるケースが多い．一方で，個々の改善要求の完了期限は，改善要求の内容に基づきそれぞれ設定するように努める．これにより，限られた予算のなかでどの改善要求を採用するかの判断材料にもなる．予算と期限の記述例は以下のようになる．

・予算：配分可能な予算は200百万円である．
・期限：○○キャンペーン開始（6カ月後）と同時に新サービスを開始したい．

4.3 成果物

4.3.1 要求分類表

(1) 記述概要

成果物「要求分類表」には，前述のタスクの実施結果の内容が記述される（図4.3.1-1）．業務部門からの業務改善要求に関して，目的は何か，対象とする業務は何か，関係者は誰かという観点からの分析結果や，当該要求の実現に向けての予算や期限などの制約条件を明らかにした内容を文書化する．

業務改善要求	要求の目的	改善対象の業務	改善対象業務の関係者	制約事項	
				期限	予算
顧客のスマートメータ設置申込みから設置までの期間を短縮したい．	・業務品質・精度の向上 ・業務効率向上	申込受付業務	一般顧客	6カ月後まで（申込者向けキャンペーン開始と同時に新サービスを開始するため）	開発費用の上限は200百万円である
			申込受付担当者		
		設置業務	設置作業者		

図 4.3.1-1 「要求分類表」の記述サンプル

(2) 記述目的

　　成果物「要求分類表」を用いて，業務部門を含めた関係者に対して，業務改善要求の分析結果の内容の共有と確認を行うことが狙いである．

(3) 記述方法

　1) 業務改善要求の記載

　　業務部門からの業務改善要求を記載する．不明確な要求の場合には，成果物「KJ法による問題俯瞰図」や成果物「現状分析ツリー」を活用して業務改善要求の内容の具体化を行う．

　2) 業務改善要求の分析結果の記載（図4.3.1-2）

　　目的，対象業務とその関係者を具体化するため各項目に記入する．期限や予算上限などのビジネス上の条件について，提示されているものがあれば希望事項欄に記載する．記述に際して不明確な箇所がある場合には，後述する「KJ法による問題俯瞰図」や「現状分析ツリー」を活用し，業務改善要求の内容を深掘りする．

業務改善要求	要求の目的	改善対象の業務	改善対象業務の関係者	制約事項	
				期限	予算
業務部門からの要求を記載する	何を実現するために業務改善を実施するのか，その目的を洗い出す	その要求が改善の対象としている業務を洗い出す	対象業務の関係者を洗い出す	業務部門が期待しているシステム提供のタイミングを記載する	想定できる範囲で，配分可能な予算の上限を記載する

図4.3.1-2　「要求分類表」各項目の記述内容

(4) 記述の指針

　　成果物「要求分類表」の要求の目的の欄には，業務改善がもたらす価値が記載される．業務改善の目的は企業・組織によってもその内容は多岐にわたるが，どのような内容であれ明確に記載されることが望ましい．目的には業務効率向上や時間の短縮などの生産性向上と顧客満足度向上や市場シェア拡大などの業務成果向上の二つの軸がある．

　　要求アナリストは，業務部門から示された業務改善要求の内容を正しく理解するとともに，当該要求の実現により達成される目的まで関心を

持つことが望ましい．なぜなら，要求分析の後半のタスク「要求交渉」では，要求の実現手段（例：システムの変更パターン）を採用することによって，本タスクで定義した要求の目的が達成できるか否かが，議論のポイントになるからである．

なお，要求分類表により業務改善要求を明確化した際，要求の実現に向けて，検討すべき課題がある場合は，後述する「課題管理表」に記入し，別途検討を行うことになる．

4.3.2 KJ 法による問題俯瞰図

(1) 記述概要

成果物「KJ 法による問題俯瞰図」は，分析者の発想を広げたり深めたりするために作成される（図 4.3.2-1）．業務部門から寄せられた様々な

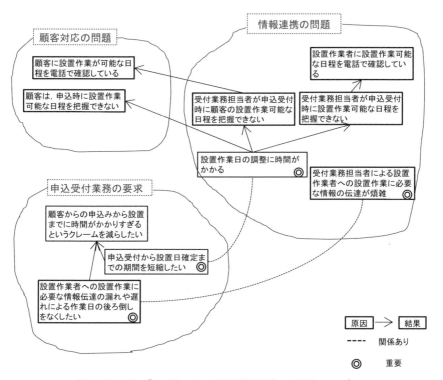

図 4.3.2-1 「KJ 法による問題俯瞰図」の記述サンプル

要求や問題点を，KJ法を用いて視覚的に整理・分析することで，要求や問題点の内容を俯瞰的に捉えることができる．

業務部門から寄せられた要求や問題点の内容を付箋紙等のカードに記入して貼付していき，関連する内容のグループ化を行う．同時に，貼付されたカードの内容に関する議論をしながら，必要に応じて内容の追加や修正をする．こうして，要求や問題点が記述されたカードの内容を集約化し，カード間の関係や重要なカードの選択等の議論を行う．

(2) 記述目的

成果物「KJ法による問題俯瞰図」は，前述の成果物「要求分類表」を記述する上で，業務部門からの業務改善要求の内容が十分に整理されていない場合に作成される．たとえば，業務部門から初期要求が数多く寄せられた場合に，それらの内容を俯瞰的に観察し，主要な業務改善要求の絞込みと具体化を行うために活用される．

業務改善要求の内容を，あらかじめ設定した観点に従いグループ化することで，それぞれの内容の整理と分析を行う．これにより，要求分類表のインプット（業務改善要求，要求の目的，対象業務とその関係者）を明らかにすることが狙いである．

(3) 記述方法（図4.3.2-2）

1) 初期要求の記載

業務部門からの業務改善要求（初期要求）の内容を付箋紙等のカードに記述する．

2) グルーピング観点の設定

カードの内容をグループ化するための観点を設定する．観点は「顧客対応の問題」や「情報連携の問題」などを設定することで類似しているカード（問題）がまとめられるようになる．

3) グルーピング

グルーピング観点に応じて，互いに関連があるカードをまとめていく．まとめられたグループ間の関連性を示すことで，カード間の関係が分かるようにする．

4) 絞込み

グループの中で重要と思うカードを選定する．選定されたカードと関係があるカードの内容も考慮しつつ，カードの内容を具体化し

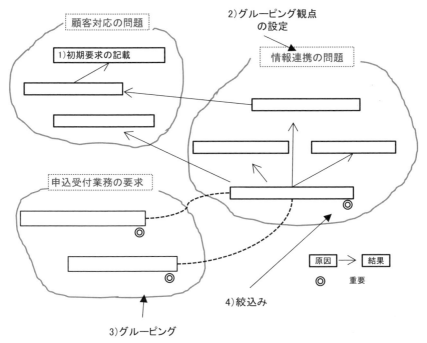

図 4.3.2-2 「KJ 法による問題俯瞰図」の記述方法

ていく．こうして初期要求の内容を，成果物「要求分類表」に記述可能なレベルに詳細化していく．

(4) 記述の指針

　KJ 法による問題俯瞰図には誰が，いつ，どのような目的で検討したかなど，検討の経緯を併せて記録するようにする．それにより過去の検討経緯の振り返りや関係者間の情報共有をスムーズに行うことができるようになる．

4.3.3　現状分析ツリー

(1) 記述概要

　成果物「現状分析ツリー」は，業務部門の現状の問題を起点として，問題の原因分析を通じて根本原因を探り，問題の解決策を明らかにするために作成される（図 4.3.3-1）．導出した解決策は，成果物「要求分類

表」のインプット（業務改善要求）になる．
(2) 記述目的

成果物「現状分析ツリー」は，前述の成果物「要求分類表」を記述するうえで，業務部門からの業務改善要求に不足や曖昧な内容が存在する場合に初期要求の内容を具体化するためにも作成される．

成果物「現状分析ツリー」は，現状の業務部門の問題から掘り下げて，より具体的な業務改善要求を導き出すことが狙いである．
1) 現状の問題の記入

業務部門が抱える現状の問題の内容を，図の上部に記載する．
2) 問題の原因の洗い出し

現状の問題の原因を洗い出し，その内容を問題の下部に記載し，矢印で結ぶ．矢印の向きは，原因から問題の方向になる．原因の洗

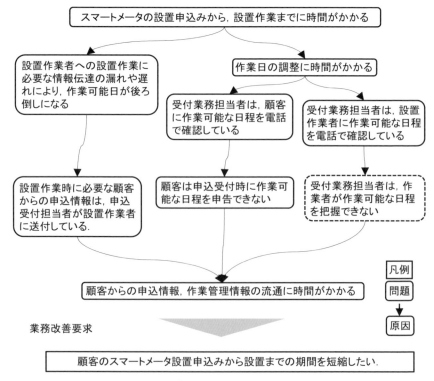

図 4.3.3-1　「現状分析ツリー」の記述方法

い出しにおいては，書き出した原因に抜け漏れや重複がないことや，原因が関連する問題の解決につながることを確認しながら進める．原因を探る際は，まず問題の原因が誰のどのような業務であるかを掘り下げ，原因自体を具体的に記述することが重要である．

3) 根本原因の導出

根本原因が多数存在する場合は，本当に根本原因であるかどうかを確認する必要がある．根本原因を必ず一つに集約する必要はないが，たとえば個々の業務領域について根本原因が複数認識された場合は，業務全体を俯瞰した上で，複数の原因を包括する根本原因がないかどうかを確かめることが望ましい．

4) 根本原因の解決策を導く

根本原因が設定された後は，その原因を取り除くための方法（問題の解決策）を明らかにする．

(3) 記述方法（図4.3.3-2）

成果物「現状分析ツリー」は問題の根本原因を探り，根本原因の解決策から業務改善要求を導き出すために作成する．一方で，環境や法律な

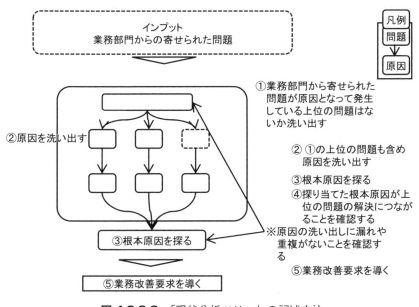

図 4.3.3-2 「現状分析ツリー」の記述方法

どの動かしがたい要因は根本原因になりえない．根本原因には，環境や法律などの改善しがたい要因ではなく，改善可能な要因を記載する

　業務上の問題とは結びつかない根本原因（たとえば，社内組織の問題など）が存在する場合は，それを切り離し，課題管理表に記入して別途対応を検討する．

4.4 実践の秘訣

「要求の分類」を実践する上で有用な秘訣を紹介する．

4.4.1 用語辞書の作成

用語辞書は対象とする業務を理解し，組織内，あるいは，組織間で誤解なく共有する上で有用である．

(1) 概要

業界用語，および組織内で使用される用語のリストを作成する．

(2) 効果

業界や所属組織などによる用語の違いから発生する誤解をなくす．

(3) 実施

用語には業界（業種）ごとに独自であり，また個々の会社によって独自なものがあるので2種類の用語集を作成する．同じ言葉で業界や所属組織などで異なる定義で利用する場合があるので注意する．

業界用語集

対象業務の一般常識の整理として作成する．専門図書などの用語集を

用語	意味	使用者
スマートメータ設置申込受付日	顧客（申込者）からスマートメータの設置申込みがされた日．電話受付日，インターネットからの投入日	申込受付担当者
設置作業手配受付日	スマートメータ設置作業の手配が行われた日．	設置作業者
（スマートメータ設置手配受付時）申込情報	スマートメータの設置申込時に顧客に記入又は口頭にて回答いただく情報． 申込者氏名，契約者氏名，住所，連絡先および作業希望日	申込受付担当者
（設置作業受付時）申込情報	スマートメータの設置作業手配時に，投入される情報．申込受付担当者から伝達される． 申込者氏名，契約者氏名，確認済住所，連絡先，エリア番号 注）住所は，契約者の氏名および住所を基に顧客管理簿を確認し，修正したもの 注）エリア番号は確認済住所を基にエリアごとの番号を付与したもの	設置作業者

参考に作成する．複数の情報源を参照して作るとよい．
個社の用語集
　　業務部門とのヒアリングの中で整備していく．新人研修用などのテキストを参照するのもよい．厳密な定義がないものや，ヒアリング相手によって定義が異なる場合があるので注意すること．誰，あるいはどの部署に確認した，どの文書からの引用かも用語集に記入しておくとよい．
(4) 例
　　本書の事例では，顧客からスマートメータの設置申込を受け付ける受付業務担当者と設置作業者が業務に携わっている．両者は，業種による用語の差はないものの，別の会社に属していること，またそれぞれは閉じたシステムを使用して業務を行っていることから同じ用語が別の意味をさす場合があった．

　スマートメータ申込受付担当者と設置作業担当者では，「受付日」という用語を違う意味で使用していることが分かった．それぞれの業務で受付日は管理対象となっているため，システムではそれぞれを管理する必要があり，スマートメータ設置申込受付日および設置作業手配受付日と呼び分けることにした．

　また，スマートメータ設置申込受付担当者と設置作業担当者では，「申込情報」という用語の意味が異なることも分かった．その差異を確認したところ，顧客から申告される契約住所は誤りが含まれたり，略されたりすることがあるため，スマートメータ設置申込受付担当者は受付時に顧客の申告した情報から，顧客管理簿を確認し，正式な住所に修正する場合があることが分かった．また，作業者の担当はエリアと呼ばれる単位で区切られており，設置作業受付時に，設置作業者が契約住所からエリア番号を付与したうえで，作業者の手配を行っていることが分かった．

第5章 要求の構造化

- 5.1 アクティビティの概要と狙い
- 5.2 アクティビティの内容
- 5.3 成果物
- 5.4 実践の秘訣

5.1 アクティビティの概要と狙い

5.1.1 概要

アクティビティ「要求の構造化」では，要求アナリストが，要求分類の活動を通じて具体化・詳細化された業務改善要求の内容から，システム化要求の導出を行う（図5.2.1-1）．業務改善要求からシステム要求に段階的にブレークダウンしていく過程では，それらの因果関係や整合性も明らかにする．その上で，必要に応じて要求の漏れ，矛盾，曖昧さを検出・是正することも行う．

システム化要求を導出した後には，現状の業務を俯瞰して，システム化要求が実現した場合の業務の変更範囲と内容も確認する．併せて，システム化要求の実現後の業務が，業務部門からの業務改善要求と矛盾しないことを確認する．ここまでの内容を，業務部門と共有し，確認を促進する．

5.1.2 狙い

アクティビティ「要求の構造化」の実施を通じて，以下の状況が達成できていることを狙いとする．
(1) 上位の要求（業務改善要求）と整合性が取れているシステム化要求を導けていること．
(2) システム化要求が実現，すなわち，システムが実装された際の現状の業務の変更範囲，変更内容が明らかになっていること．
(3) 上述の内容が業務部門と情報共有・確認できていること．

5.2 アクティビティの内容

5.2.1 インプット

前アクティビティ「要求の分類」で具体化・詳細化された業務改善要求の内容を記した成果物「要求分類表」をインプットとする．なお，開始時点では，

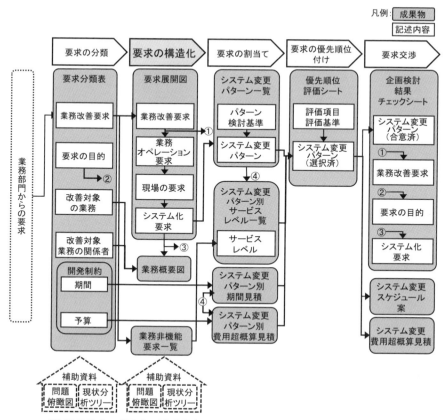

図 5.2.1-1 「要求の構造化」のアクティビティ，成果物，検討項目

当該成果物の中の業務改善要求，改善対象の業務・関係者に関する内容が記述されていることを想定している．これらの内容に基づき後述するタスクが実施される．

5.2.2 タスク

表 5.1 に「要求の構造化」のタスクと成果物を示す．

表5.1 「要求の構造化」のタスクと成果物

「要求の構造化」のタスク	成果物
(1) 業務視点での要求のブレークダウン	・要求の要求展開図 ・KJ法による問題俯瞰図 　業務改善要求をブレークダウンしてシステム化要求を導き出す. ・現状分析ツリー 　システム化要求や業務改善要求の因果関係を明確にし,要求の構造化を検証する
(2) システム視点での要求のブレークダウン	
(3) 業務の影響範囲の確認	・業務概要図 　現行の業務概要図上で業務の変更範囲と内容を確認し,システム化要求との整合をチェックする

(1) 業務視点での要求のブレークダウン

　業務改善要求を業務の流れや業務の実施者の視点で具体化していく.はじめに,業務改善要求を業務オペレーションの視点(部門管理者レベルの視点)でブレークダウンし,階層間(業務改善要求と業務オペレーション)の関係を整理する.次に,業務オペレーション要求を現場の視点(部門担当者レベルの視点),現場の要求をシステムの視点でブレークダウンして,階層間(業務オペレーション要求と現場の要求)の関係を整理する.

(2) システム視点での要求のブレークダウン

　現場の要求をシステムの視点でブレークダウンして,システム化要求を具体化する.前述のタスクも含めて,要求をブレークダウンしていく過程では,同じ階層における要求同士の整合性や因果関係も整理をしていく.

(3) 業務の影響範囲の確認

　検討したシステム化要求の内容から,システム化要求が実現された場合に,業務の影響が及ぼす範囲とその内容を確認する.これにより,業務の変更内容が,業務部門からの業務改善要求と矛盾しないことを確認する.たとえば,以下のような業務改善要求とシステム化要求を考える.

1) 業務改善要求:申込みと同時に設置作業日を設定したい
2) システム化要求:「申込」と「設置作業日設定」の画面の一元化

　このような場合,システム化要求を実現することで,申込みと設置作業日設定の業務に影響が及ぼす(2つの業務が連携する)ことが分かる.

一方で，システム化に伴う業務変更内容は，業務部門からの業務改善要求の内容と矛盾していない．申込みと同時に設置作業日の設定ができるようになることも確認できる．従って，導出されたシステム化要求は業務改善要求の内容と整合がとれているといえる．

次のアクティビティ「要求の割当て」では，本アクティビティで検討したシステム化要求を基に，実現可能なシステム変更のパターンを洗い出す．そのため，本アクティビティの終了時点では，システム変更によって変更する業務の範囲とその内容を関係者（業務部門）と合意する必要がある．

5.3　成果物

5.3.1　要求展開図

(1) 記述概要

成果物「要求展開図」は，前述のタスクの実施結果の内容が記述される（図5.3.1-1）．業務部門からの業務改善要求を起点にして，業務オペレーション要求，現場の要求，システム要求までの段階的に具体化した要求を記述する．階層間の要求の関係（目的から手段への展開の関係）は線でつないで表すことで，システム化要求を導き出す過程を可視化する．

(2) 記述目的

成果物「要求展開表」は，階層をまたぐ要求間の関係性を明確にすることで，システム化要求を導いた根拠やロジックを明確にすることが狙いである．

(3) 記述方法（図5.3.1-2）

1) 業務改善要求の設定

アクティビティ「要求の分類」で明らかにした業務改善要求の内容を，業務改善要求の階層に記載する．

記述サンプルでは，左端に位置する業務改善要求の階層に顧客のスマートメータ設置申込みから設置までの期間を短縮したい，とい

第5章 ◆ 要求の構造化

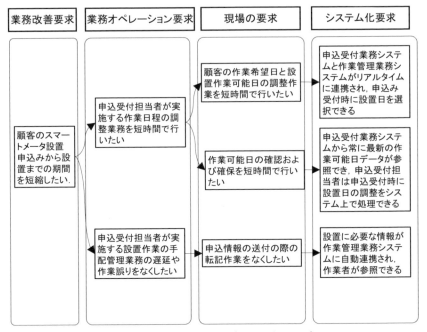

図 5.3.1-1 「要求展開図」の記述サンプル

う要求が一つ記載されている.

2) 業務オペレーション要求の抽出

　業務改善要求に対して，業務部門の管理者レベルの視点からブレークダウンを行い，業務オペレーション要求を抽出し記載する．管理者レベルの視点では，業務改善要求の実現のために，業務部門全体としてどのような業務の流れにすべきであるかを検討する．

　記述サンプルでは，業務改善要求の次に位置する業務オペレーション要求の階層に，以下に記す二つの要求が記載されている．

a)　申込受付担当者が実施する作業日程の調整業務を短時間で行いたい．

b)　申込受付担当者が実施する設置作業の手配管理業務の遅延や作業誤りをなくしたい．

　上述の例では，業務改善要求の実現のために，二つの業務（作業日程の調整業務，設置作業の手配管理業務）を効率化したいという

管理者レベルの要求が反映された内容になっている．

3) 現場の要求の抽出

業務オペレーション要求に対して，業務部門の担当者レベルの視点からブレークダウンを行い，現場の要求を抽出し記載する．担当者レベルの視点では，業務オペレーション要求で設定された全体の業務の流れを実現するために，各担当がどのように業務を改善すべきであるかを検討する．

記述サンプルでは，業務オペレーション要求「申込受付担当者が実施する作業日程の調整業務を短時間で行いたい」の実現に向けて「顧客の作業希望日と設置作業可能日の調整作業を短時間で行いたい」と，「作業可能日の確認および確保を短時間で行いたい」，という二つの，現場の要求が設定されている．

上述の例では，現状の作業日程の調整業務では，申込受付担当者が顧客と設置作業者のそれぞれに直接連絡をとる必要があった．この作業が申込受付担当者の業務負荷を高めており，効率化したいという現場レベルの要求が反映された内容になっている．

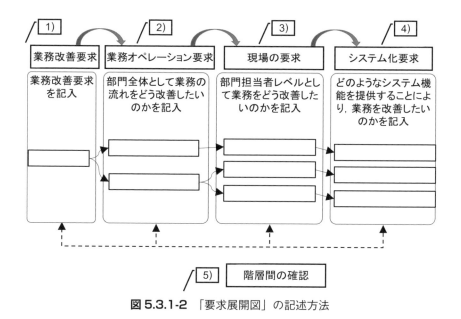

図 5.3.1-2 「要求展開図」の記述方法

4) システム化要求の抽出

現場の要求に対して，システムでどのように実現すべきかを検討し，システム化要求を導く．現場の要求を実行可能にするためには，システムがどのような機能を提供するべきであるかを検討する．

記述サンプルでは，二つの現場の要求「申込受付業務システムと作業管理業務システムがリアルタイムに連携され，申込受付時に設置日を選択できる」の実現に向けて，「申込受付業務システムから常に最新の作業可能日データが参照でき，申込受付担当者は，申込受付時に設置日の調製をシステム上で処理できる」というシステム化要求が記述されている．

このシステム化要求では，前述の現場の要求で指摘されていた，作業日程の調整業務の短時間化策として，二つのシステム（申込受付業務システム／作業管理業務システム）のリアルタイムな連携，作業管理業務システムの作業可能日データの参照により，申込受付担当者の調整作業を短時間化することが可能となる．

5) 階層間の確認

それぞれの階層で抽出した要求の内容が，漏れなく，重複なく，矛盾しない内容であることを確認する．

記述サンプルの業務オペレーション要求では作業日程の調整業務の短時間化を指摘している．たとえば階層間の確認では，「業務改善要求の実現には，他の業務の短時間化も検討するべきか?」といった問いかけをステークホルダに対して行う．こうした問いかけを通じて，業務オペレーション要求の抽出漏れがないことの確認を行う．

(3) 記述の指針

要求の階層化の前提として，本書では情報システム部門と業務部門の調整場面での利用を想定している．そのため，業務改善要求 ⇒ 業務オペレーション要求 ⇒ 現場の要求 ⇒ システム要求，と4つの階層でブレークダウンしていく．一方で，業務改善要求のなかには経営層レベルのものが含まれる場合も考えられる．この場合には観点として「経営の要求」を追加し，業務改善要求を，経営の要求 ⇒ 業務改善要求，と2階層に分解するなどして階層を追加する．

要求をブレークダウンした場合，再考が必要と思われるケースもある．

以下，典型的なケースとその場合の対応策を示していく．

1) ブレークダウンした要求が上位階層のどの要求にも紐付かない（図5.3.1-3）

　　ブレークダウンの結果が今回の業務改善とは関係ないものである可能性が高いと考えられる．業務改善要求を確実にシステム要求に落とし込むために，そうしたものは切り離し，課題管理表に記入して対応を検討する．

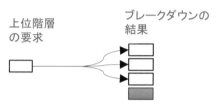

図 5.3.1-3 「要求展開図」要求がどこにも紐付かない場合

2) ブレークダウンした要求が一つの上位階層の要求に密集する（図5.3.1-4）

　　このケースでは，
　　　a) 前の階層でブレークダウンされた内容に漏れがある
　　　b) 密集領域は対応すべき問題や課題が山積みになっている
　　という二つの可能性が考えられる．
　　a) の場合は，一つ前の階層に戻って，ブレークダウンをやり直す．
　　b) の場合は，難易度の高い対応を求められるという可能性が高いので，その領域だけで別途検討するなど検討のスコープを再設定する，人員を増強するなど関係者と調整をする必要がある

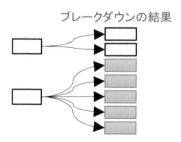

図 5.3.1-4 「要求展開図」要求が密集してしまう場合

3) 上位階層の要求がブレークダウンできない場合（図5.3.1-5）

その業務改善要求が現場の認識と合っていない，もしくはシステム化の必要性がないなどの可能性が考えられる．そうしたものは切り離し，課題管理表に記入して対応を検討する．

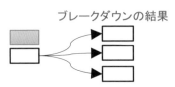

図 5.3.1-5 「要求展開図」要求がブレークダウンできない場合

5.3.2 KJ法による問題俯瞰図

(1) 記述概要

成果物「KJ法による問題俯瞰図」は，アクティビティ「要求の分類」でも述べたように，様々なアイディアや考えを絵で整理して分析者の発想を広げたり深めたりする際に作成される（図5.3.2-1）．はじめに，業務改善要求の内容を分析者がブレークダウンした内容を記述していく．その上で，これらの内容を，業務オペレーション，現場，システムの観点からグルーピングして，業務改善要求からシステム化要求までのブレークダウンの検討を行う．

(2) 記述目的

成果物「KJ法による問題俯瞰図」は，業務改善要求の内容をブレークダウンする際に，分析者が多角的な観点から検討するために作成される．業務改善要求の内容に対する分析者のアイディアや考えを集約して整理を行い，成果物「要求展開図」のインプットとなる内容を明らかにすることが狙いである．

(3) 記述方法（図5.3.2-2）

1) ブレークダウンした要求の記載

業務改善要求の内容に基づき，ブレークダウンした要求を付箋紙等カードに記載する．

記述サンプルでは，上部に業務改善要求「顧客のスマートメータ設置申込みから設置までの期間を短縮したい」が記載されている．

成果物「KJ法による問題俯瞰図」の記述では，はじめに，この業務改善要求の内容をブレークダウンした要求をカードに記載していく．

2) グルーピング観点の設定

カードの内容をグループ化するための観点を設定する．観点については，成果物「要求展開図」の階層に対応する業務オペレーション，現場，システムを設定する．

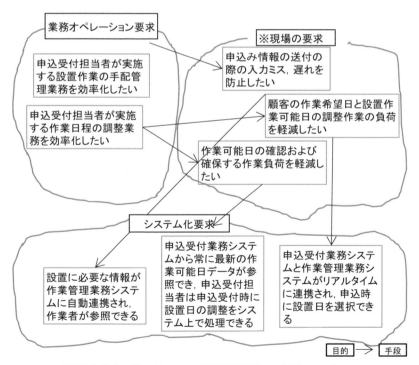

図 5.3.2-1　「KJ法による問題俯瞰図」の記述サンプル

3) グルーピング

グルーピング観点に応じて，互いに関連があるカードをまとめていく．まとめられたグループ間の関連性を示すことで，カード間の関係が分かるようにもする．

記述サンプルでは，業務オペレーション要求に2個，現場の要求に3個，システム化要求に3個がグルーピングされている．この例では，業務全体のなかでどの業務を効率化したいのかという内容は，業務オペレーション要求にまとめている．次に，業務の中のどのような作業の負荷軽減や品質向上（例：ミス防止）をしたいのかという内容は，現場の要求としてまとめている．さらに，どのようなシステムが必要とされるかという内容は，システム化要求としてまとめている．

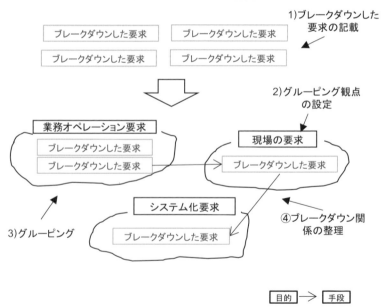

図5.3.2-2 「KJ法による問題俯瞰図」の記述方法

4) ブレークダウン関係の整理

業務オペレーション,現場,システムの各グループに配置されたカードにおいて,ブレークダウンの関係があるカードは相互に線を引いてその関係が分かるように図示する.こうして,それぞれがブレークダウンの関係にある三つの要求(業務オペレーション,現場,システムの要求)を明らかにする.これらの要求の内容を,成果物「要求展開図」に記述可能なレベルに具体化をしていく.

記述サンプルでは,業務オペレーション要求「申込受付担当者が実施する作業日程の調整業務を短時間で行いたい」の実現手段として三つの現場の要求に線を引いている.

さらに,これらのうちの一つの現場の要求「申込み情報の送付の際の入力ミス遅れを防止したい」の実現手段として,「設置に必要な情報が作業管理業務システムに自動連携され,作業者が参照できる」というシステム化要求に線が引かれている.

このように各観点にグルーピングされた要求とそれらのブレークダウン関係を整理した内容に基づき,成果物「要求展開表」を作成していく.

(3) 記述の指針

記載されたカードは,具体的な要求が導き出せない場合には上位レベルの観点を設定して検討を行うことも重要である.たとえば,システムの観点であれば,「システム化の方向性」を上位の観点として設定する.こうすることで,分析者がシステム化要求の検討をはじめる前に,システムをどのような方向性で改善していくのかを考えることができる.そのうえで,具体的なシステム化要求のカードを記載していくことができる.

5.3.3 現状分析ツリー

(1) 記述概要

成果物「現状分析ツリー」は,システム要求を起点として,その要求の目的を洗い出すことで,より上位に相当する要求を明らかにしていく際に作成される(図5.3.2-1).成果物「要求の要求展開図」の内容を検証する際の判断材料になる.

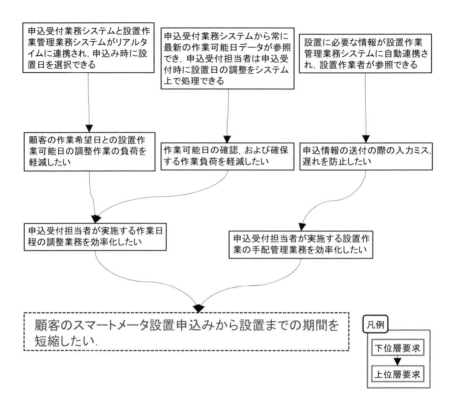

図 5.3.2-1 「現状分析ツリー」の記述サンプル

(2) 記述目的

成果物「現状分析ツリー」は，成果物「要求の要求展開図」で業務改善要求からブレークダウンされた要求（業務オペレーション要求，現場の要求，システム要求など）が，業務改善と関連していることや整合していることを確認することが狙いである．

成果物「現状分析ツリー」は，前述の成果物「KJ法による問題俯瞰図」とは作成する目的が異なる．成果物「KJ法による問題俯瞰図」は，業務改善要求から下位の要求を導出するために作成される．これに対して，成果物「現状分析ツリー」は，導出された下位の要求が業務改善要求の実現に本当に寄与するのかどうかを確認する目的で作成される．

(3) 記述方法（図 5.3.2-2）

1) 下位の要求の設定

確認対象となる下位の要求を記入する．ここで設定される要求とは，業務改善要求（最上位の要求）との整合性を確認する必要がある要求を意味する．
2) 上位の要求の洗い出し

設定された下位の要求の実現は，どのような目的に寄与するのかを検討する．たとえば，システム化要求の実現により，情報がリアルタイムに把握できるようになれば，業務のどのような目的に寄与できるのかを考える．たとえば，それによりサービスへの申込みの迅速化に寄与できるのであれば，現場の要求として，サービスの申込みを早くしたい，といった上位の要求を導くことができる．このようにして，設定された要求より上位に位置する要求を洗い出し，矢印で結ぶ．上位の要求の洗い出しの過程では，抜け漏れや重複がないことを確認していく．

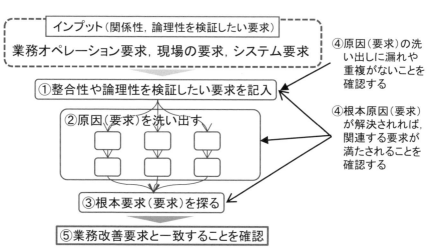

図 5.3.2-2 「現状分析ツリー」の記述方法

3) 業務改善要求の実現の確認

業務改善レベルにたどり着くまで分析を続けていく．こうして得られた内容（上位の要求）が，業務部門から寄せられている業務改善要求の内容と整合しているかの確認を行う．整合していれば，成果物「要求の要求展開図」の内容を検証できたといえる．

(4) 記述の指針

　　成果物「現状分析ツリー」により検証した結果，要求の因果関係の誤りが発見されたり，新たな要求が発見されたりする場合がある．この場合には，成果物「KJ法による問題俯瞰図」や「要求展開図」に立ち戻り，再度業務改善要求からシステム要求を検討する．

　　また，検証した結果，検討中の業務改善要求に結び付かない要求がある場合は，課題管理表に記入して別途対応の方針を検討するなど切り離すことが望ましい．

5.3.4　業務概要図

(1) 記述概要

　　成果物「業務概要図」は，現状業務の業務および業務で用いられるデータの流れを図示し，業務全体を俯瞰できるために作成される（図5.3.4-1）．作成される図には，業務の担当者（アクタ）や蓄積されるデータの内容（データストア）も記される．本成果物は，アクティビティ図の記法に基づいている．

　　さらに成果物「業務概要図」には，本アクティビティにて導出されたシステム化要求の内容に基づき，システム化要求の実現により影響を受ける範囲（例：自動化される業務，不要になるデータの流れ）も図に示される．

(2) 記述目的

　　成果物「要求の要求展開図」により，業務全体を俯瞰して，システム化要求が実現した場合の業務の変更範囲とその内容を確認することが狙いである．システム化要求の実現が，業務部門からの業務改善要求を満たすことを確認するための判断材料にもなる．

(3) 記述方法

　1)　既存業務の流れの記述（図5.3.4-1）

　　　　改善対象となる現状業務の内容について，業務および業務で用いられるデータの流れを記述する．併せて，業務の担当者（アクタ）や蓄積されるデータの内容（データストア）を記述する．今回の業務改善要求の対象外の業務も記述した場合は，グレーアウトする等

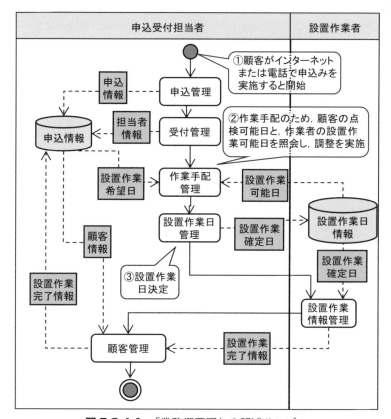

図 5.3.4-1 「業務概要図」の記述サンプル

により業務の境界を明示化する.
2) システム化対象の記述（図 5.3.4-2）
   システム化要求が実現した場合に，変更となる業務やデータの流れを図に書き込む．たとえば，システム化により不要となる業務やデータがあるならば × 印をつける等して表示する．
3) 業務改善要求との整合の確認
   システム化要求が実現した場合の業務の変更範囲，およびその内容が，業務部門からの業務改善要求の内容と矛盾していないことを確認する．併せて，システム化要求が実現後の業務の流れで，想定している業務が成立することも確認する．

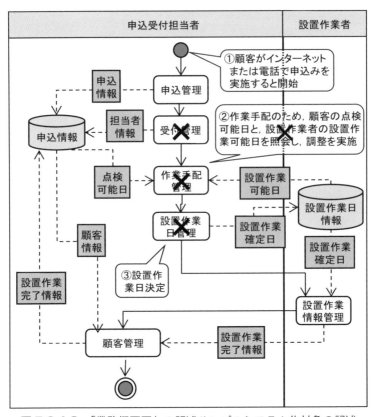

図5.3.4-2 「業務概要図」の記述サンプルシステム化対象の記述

(4) 記述の指針

　成果物「業務概要図」を記述した結果，システム化要求の実現に向けては，業務上で検討すべき事項が出てくる場合もある．このような検討事項は新たな業務改善要求の候補となる可能性もあるため，課題管理表に記入し，別途検討を行うことが望ましい．

(5) DFDによる「業務概要図」の記述の指針（図5.3.4-3，図5.3.4-4）

本節では，「業務概要図」をアクティビティ図で記載したが，これ以外の記法たとえばDFD（Data Flow Diagram）を利用して記載してもよい．DFDの記載例は，次のようになる．

なお，記述サンプルの凡例に示すように，DFDの外部エンティティは，本成果物ではアクタと呼んでいる．

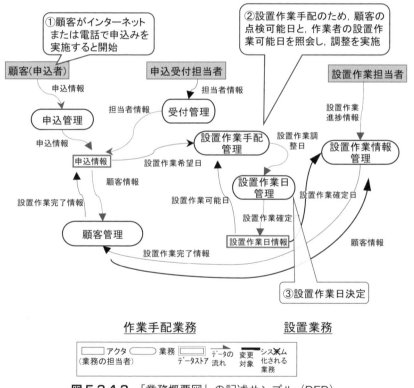

図 5.3.4-3 「業務概要図」の記述サンプル（DFD）

第 5 章 ◆ 要求の構造化

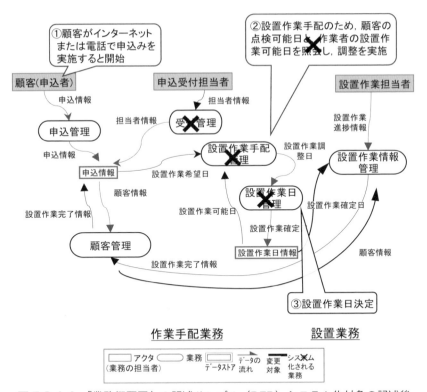

図 5.3.4-4 「業務概要図」の記述サンプル（DFD）システム化対象の記述後

5.4 実践の秘訣

要求の構造化を実践する上で有用な秘訣を三つ紹介する．

5.4.1 曖昧な語彙の排除

(1) 概要

要求を記述する際に，漠然とした主観的な用語を使用すると，読む人によって解釈の差異が生まれる．曖昧さを含む用語の使用を避ける．

(2) 効果

読み手による解釈の差異を防ぐ．

要求自体が不明確なため，記述が曖昧になってしまう場合も多い．明確な表現を心がけることで，要求の明確化，具体化にもつながる．

(3) 実施

1) 一貫した用語を利用する

用語集を活用し，一貫した定義で用語を使用する．同義語や類義語に気をつける．同義語は用語集の中に入れて，違う名称に慣れている人でも関連が分かるようにすると良い．

2) 代名詞を使う際の注意

前述したものを代名詞を使用してさす場合，それが何をさすのか誤解の余地がないようにする．

3) 副詞を避ける

副詞を使用すると主観が入り込む．「合理的に」，「一般的に」，「およそ」，「通常は」のような語をどう解釈するかは人によって異なる．副詞の使用は避ける．

4) 要求で避けるべき曖昧な語彙を排除するガイドを作成する

このような曖昧な語彙の排除について短く読みやすいガイドを作成し，組織内で共有することを勧める．

(4) 例

要求を記述する際に曖昧性を排除した例を表5.2に示す．

表5.2　曖昧な語彙の排除

避けるべき語彙	改善方法
適切な	何を満たせば「適切」なのか，システムとしてどのようにそれを判断できるかを定義する．
少なくとも，最低でも，せいぜい，上回らない	最小値と最大値で指定する．
最高の，最善の，最大の	どの程度の達成度が望まれるかを指定し，最低限受け入れ可能な達成度を指定する．
柔軟な，融通が利く	運用条件やプラットフォーム，ビジネスニーズの変化に応じて，システムがどのように適応できなければいけないかを記載する．
改善された，より良い，より早い，より優れた	特定の機能領域，あるいは品質の観点で，妥当な改善といえるためには，どの程度よく，あるいは早くなればよいのか定量的に指定する．
シームレスな，エレガントな，透過的な	「シームレス」や「エレガント」が何を意味するのか，何を期待しているのかを，具体的で観測可能な特性で表現する．
数個の，いくらかの，少数の，複数の，多数の	何個かを具体的に記述する．または，最小と最大の限界値で範囲を指定する．
サポートする，可能にする．	システムがどのような機能を実現して，何の能力をサポートするのかを明確にする．

表5.3　曖昧な語彙の排除の例

適用前	適用後
申込受付業務と作業管理業務のシームレスな連携により，顧客との設置作業日の調整を短時間で行いたい．	申込受付業務システムから常に最新の作業可能日データが参照でき，申込受付担当者は申込受付時に設置日の調整をシステム上で処理できる
効果 シームレスという曖昧な語がどのような状態をさすかを具体的に記述することで，何をシステムで実現すべきかが明確になった．	

　表5.3に示す適用前の例は，先にあげたリストに含まれる「シームレス」という具体的にはどのような状態をさすのかが不明な言葉が使用されている．そこで，「シームレス」とはどのような状態をさすのかを業務部門へのヒアリングの中で確認した．その結果，受付業務担当者は，顧客との設置作業日の調整を以下のように行う必要があり，時間がかかっていることが分かった．

- 作業者に電話をかけ，作業管理業務システムの作業可能日を電話で確認する．（作業管理業務システムを受付業務担当者は閲覧できない）
- 顧客に電話をかけ，先に聞いた作業可能日と顧客の都合が合うかを確認する．
- 合わない場合には，再度作業者へ作業可能日の確認を行う．

つまり，作業管理業務システム管理している作業可能日を受付業務担当者からも参照できるようにすることを，「シームレス」と表現していたことが分かった．

「シームレス」を具体的な状態に置き換えた適用後の要求を作成した．

「シームレス」という曖昧な言葉では，人によって解釈に差異が生じることがあるため，ステークホルダの意図しないシステム化機能が実現される可能性がある．具体的な言葉で置き換えることで，何を実現したいのかが明確になった．

5.4.2　要求事項の確認チェックリスト

(1) 概要

各要求について，表5.4に示す特性を満たしているかを確認する．

(2) 効果

要求の特性を満たしていないことによる要求の欠陥を防ぐことで，欠陥による手戻りやリスクの増大を抑える．

(3) 実施

要求獲得で得られた業務改善要求は，曖昧であったり，不完全であったり要求として欠陥が存在する．要求を記述した後で各要求が要求に必要な特性を満たしているかを確認するとよい．表5.4はISO29148で記載されている要求が満たすべき特性である．

(4) 例

上記のうち，実装独立性について例を挙げて解説する．

図5.4.2-1は，要求の構造化で解説している事例の要求展開図である．本実践ガイドの事例で取り上げている要求は業務改善要求から段階的にシステム化要求へ具体化していることもあり，特定の実現方式に依存し

表5.4 要求が満たすべき特性

特 性	内 容
必要性	**本質的な能力，特性，制約，品質属性の定義であること．** それがないと，そのシステムのほかの能力では埋め合わせることができない欠陥が生じるもの． 要求がこれまでに期限が切れておらず，現在でも有効であることを確認する．有効期限がある場合には明確に示す．
実装独立性	**方式設計に制約をおくものではないこと．** 要求事項は，システムにとって何が必要かつ十分であるかを示すもので，どのようにその要求を満たすかではない． それでも必要な情報の場合には，設計・実装を助けるための情報として要求とは別に文書化する．
完全性	**完全であること．** 測定可能で，ステークホルダのニーズを満たす能力と特性を十分に記述していること．
実現可能性	**要求事項が技術的に実現可能であること．** システムを実現する上での制約（コスト，スケジュール，法律，規制）の中で，受け入れ可能なリスクで収まること．
検証可能性	**システムが特定の要求事項を満たすことを証明する方法があること．**
単一性	**一つの要求文には一つの要求事項だけを含むこと．**
無曖昧性	**一意に解釈されるように記載されていること．** 詳しくは，「曖昧な用語の排除」を参照
追跡可能性	**要求の親子関係が識別でき，要求からその源までであるいは要求から実装までが追跡できること．**

た要求は含まれていない．

しかし，すでに既存システムが存在する場合などには，業務部門からシステムをこう変えてほしい，という要求が出されることがある．たとえば，「受付け画面で，項目Aを項目Bにコピーする」などである．このようなときには，なぜ，そのような実装が必要なのかを確認する必要がある．要求に設計・実装を含めてしまうと，設計-実装の検討がせばめられるリスクがある．

注釈されているように，特定のシステムを使う制約などがあれば，要求とは分けて文書化する．

なお，先にあげた「要求展開図」では，要求の追跡性を容易にしている．業務改善要求を起点にして，業務オペレーション要求，現場の要求，システム要求までの段階的に具体化した要求を記述する．この際に，階

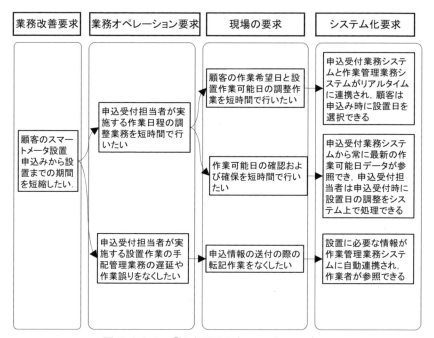

図 5.4.2-1 「要求展開図」の記述サンプル

層間の要求の関係（目的から手段への展開の関係）は線でつないで表すことでその関係を明確に表している．

5.4.3 要求集合の確認チェックリスト

(1) 概要
　　要求集合について必要な特性を満たしているかを確認する．
(2) 効果
　　要求集合として矛盾や欠陥がないかを確認することで，要求の変更やクリープ（漸増）を防ぐ．
(3) 実施
　　要求獲得で得られた業務改善要求は，異なるステークホルダ同士が異なった要求を持っている，要求を実現する場合には制限事項を満たせないなどの矛盾や未定義あるいは未解決な事項が存在するなど，要求とし

て欠陥が存在する．検討初期には，矛盾や重複も含め全ての要求を書き出すようにし，要求の割当てや優先順位付けと検討を進める中でステークホルダとのコミュニケーションを図りながら徐々に解消に努めるのがよい．表5.5はISO29148で記載されている要求の集合が満たすべき特性である．

表5.5 要求の集合が満たすべき特性

特性	内容
完全性	すべての適切な内容を含んでいること 未定義，未解決な項目がないこと．ある場合には，いつ決定できるかがリスクとして許容されていること．
一貫性	要求が互いに矛盾しないこと．重複しないこと．同じ項目に対しては一貫して同じ用語が使用されていること
獲得容易性	要求の集合が，制約（コスト，スケジュール，法律，規制）の中で実現可能なソリューションによって満足されること．
限定性	定義範囲がはっきりしていること 要求集合がユーザニーズを満足させることを超えて増加しないこと．

(4) 例

本書で取り上げる事例では，以下の三つのシステム要求がある．また，期限と予算に関する制限事項が存在する．

＜システム化要求＞

(1) 申込受付業務システムと設置作業管理業務システムがリアルタイムに連携され，申込時に設置作業日を選択し決定できる
(2) 申込受付業務システムから常に最新の設置作業可能日データが参照でき，申込受付担当者は申込受付時に設置作業日の調整をシステム上で処理できる
(3) 設置作業に必要な情報が設置作業管理業務システムに自動連携され，作業者が参照できる

<制限事項>

・6ヵ月後にはシステムをリリース(申込者向けキャンペーン開始のため)
・200百万円が上限

これら要求の集合について,上記の特性が満たされているかを見てみる.

完全性	○:未定義,未解決の事項はない.
一貫性	○:要求間に矛盾や重複はない
獲得容易性	○:選択されたシステム変更方法で上記要求を実現し,かつ制約を満たすことができる
限定性	○:対象業務,システムの範囲は明確になっている.

この事例では,要求の集合に必要な特性を満たしていることが分かる.

完全性は,必ずしも全てが定義され,解決されている必要があるわけではない.外部的な要因などにより,未定義,あるいは未解決な項目が残っている場合であっても,その項目がいつごろ定義あるいは解決できるか,その定義によって影響を受ける範囲はどこか,およびそれによるリスクが洗い出されており,かつそのリスクがステークホルダにより許容されれば,その時点では完全性は満たされていなくともよい.その場合には,未定義,未解決の項目があることが明確に分かるようにしておくこと.

5.4.4 要求ウォークスルー

(1) 概要

ステークホルダを一堂に集め,短期間で,特定のテーマに集中した集中的なワークショップを行う.

(2) 効果

・作成した業務フローについてレビューを迅速に行うことができる.
・プロジェクトのステークホルダおよびプロジェクトチーム間の信頼と相互理解を形成し,強力なコミュニケーションが促進される.

(3) 実施

以下の役割を設定する.

ウォークスルー参加者:要求ウォークスルーの対象となる成果物につ

　　　　　　　　　いて，レビューを実施する．ステークホルダ
　　　　　　　　　が担当する．
　ファシリテータ：要求ウォークスルーを中立的な立場から支援する．
　　　　　　　　　会の議事進行やセッティングなどを担当するが，自
　　　　　　　　　身の意見を述べたり，自ら意思決定を行ったりする
　　　　　　　　　ことはない．これにより，利害から離れ客観的な立
　　　　　　　　　場からサポートを行う．要求アナリストが担当する．
　書記：要求ウォークスルー実施時の各ステークホルダの発言の記録，
　　　　および対象成果物の修正を行う．要求アナリストが担当する．
　　　　発言の記録と対象成果物の修正は担当者を分けてもよい．

＜準備＞

1) ウォークスルーの目的を明確にする．
　　ウォークスルーによって何を明らかにするのか，何を解決するのかを明確にする．
2) 必須のステークホルダを識別する．
　　目的を達成するために議論に参加してもらう必要があるステークホルダを識別する．
3) 議題を定義する．
　　ウォークスルーの目的を具体化し，ステークホルダで共有するために文書化する．
4) ウォークスルーのアウトプットを文書化するための手段を決定する．
5) スケジュール作成および設備の手配を行う．
6) ステークホルダにウォークスルーの資料を事前配布する．
　　ウォークスルーの目的や議題を参加者に事前に共有し，事前に準備をしてもらうとともに，ウォークスルー開催の意義を共有する．
7) 出席者とのインタビュー．
　　ウォークスルーの目的が理解され，各出席者のニーズに沿っていることを確認する．参加者が必要な準備を了解していることを確認する．

<実施>

1) 要求を引出し，分析し，文書化する．
2) 対立する見解について合意を得る
3) セッションのアクティビティの妥当性を頻繁に確認し，目的から外れないようにする．

 実施に際して，ファシリテータは以下を行う．
 a) 専門的で客観的な雰囲気を作り出す．
 b) 目的と議題を紹介する．
 c) 規律，体制，基本原則を守る．
 d) マネジメントし，チームを計画的に進める．
 e) 意思決定のプロセスをファシリテートし，合意を成立させる．議論の内容には立ち入らない．
 f) 全てのステークホルダに参加してもらい，彼らのインプットを聞く．
 g) 的確な質問をする．提供された情報を分析し，必要ならば納得いくまで徹底的に質問する．

<終了後>

1) 未解決のアクションアイテムを継続追求
2) 文書化を完了させ，出席者とスポンサーに配布

(4) 例
 新しいサービスの提供を開始する予定であり，このサービスの申込受付システムが必要とされている．業務概要の把握を目的とした要求ウォークスルーを開催することにした．
<準備>
1) 目的を明確にする．
 要求ウォークスルーの目的は，新サービスの受付業務の概要把握である．新サービスのため既存の業務フローは存在しなかったが，類似すると考えられる既存サービスの受付業務の業務マニュアルを

ベースに業務概要図を作成し，これを基に新サービスのための概要業務フローを確認することとした．
2) ステークホルダの識別

業務マニュアルに登場する関係者をリストアップした上で，受付業務担当者にヒアリングを行い，新サービスの業務関係者および既存サービスの受付業務担当者を要求ウォークスルーへの参加者として決定した．
3) 議題の設定

業務概要図を作成するために下記を議題として設定した．
   a) 既存業務をベースとした概要業務図を新サービスに適用できるように修正すること
   b) 既存業務をベースとした場合に発生する課題を洗い出すこと
   c) システム化により実現化する To-Be 業務フローを作成すること
4) アウトプットの設定

As-Is 業務概要図の修正およびシステム開発により実現される To-Be 業務フローをアウトプットと定めた．
5) 資料の事前送付およびインタビュー

事前にたたき台となる業務概要図をはじめとした資料を送付するとともに，個別のインタビューやメールにより，要求ウォークスルーへの参加への了解を得た．

＜実施＞

拡大した業務概要図をホワイトボードに貼り，既存業務の担当者に業務フローの確認を行い，また新サービスの担当者とも業務イメージの共有を行う．

新サービスと既存サービスの差異に焦点を絞り，修正個所を洗い出し業務概要図を修正する．

既存サービスの受付業務における課題を参考に，システム化した際の To-Be 業務フローを作成する．

セッションごとに，既存業務の共有，新サービスとの差異，課題の洗

い出しといった分解した目的を提示し，そこからずれないようにする．挙手制だけでなく，司会者からの指名や順番に意見を提示する機会を設けるなどして議論の全員への参加を促す．

　これらにより円滑かつ活発なウォークスルーを開催する．

＜終了後＞

　ウォークスルー中に作成した As-Is および To-Be の業務概要図および現既存業務の課題一覧を参加者および参加者の部署上長に共有する．

効果
　新サービスの業務担当者だけでなく，既存サービスの業務担当者も一堂に介することで，既存業務の流れおよび実際に発生する課題を効率的に共有することができ，新サービスにおける受付業務の具体化，明確化を実現できる．これにより，特に新サービスの受付業務担当者との間で解決すべき課題の優先順位について合意することができる．

注意点
　要求ウォークスルーは，絞られたテーマにおいて計画的に議題を設定し関係者で議論するため，効率的な要求の獲得やテーマに関する合意を形成することが可能である．ただし，テーマおよび関係者を限定するためにそのテーマおよび関係者以外の視点がないことに注意する．
　たとえば，先の例では既存サービスの受付業務のマニュアルを基に新サービスの受付業務概要図を作成し，既存および新サービスの関係者により要求ワークショップを行う．受付業務に閉じれば非常に質の高い議論が行われ，業務フローの明確化を行うことができるが，受付業務に関係する他の業務，たとえば受付けに伴う請求業務や新サービスを提供開始後の保守業務の視点からの考慮がなされていない．
　テーマを限定し集中議論を行う要求ウォークスルーと，全体像を把握するための方法，たとえば有識者への個別インタビューなどと組合せることが必要である．

第6章 要求の割当て

6.1 アクティビティの概要と狙い
6.2 アクティビティの内容
6.3 成果物

6.1 アクティビティの概要と狙い

6.1.1 概要

アクティビティ「要求の割当て」では，要求アナリストは，アクティビティ「要求の構造化」を通じて導出されたシステム化要求に対し，実現可能なシステム変更の範囲や効果を把握するため，複数のシステム変更パターン案を作成する．また，作成したシステム変更パターンごとのサービスレベルを設定する．さらに，システム変更パターンおよびそのサービスレベルを実現する際の超概

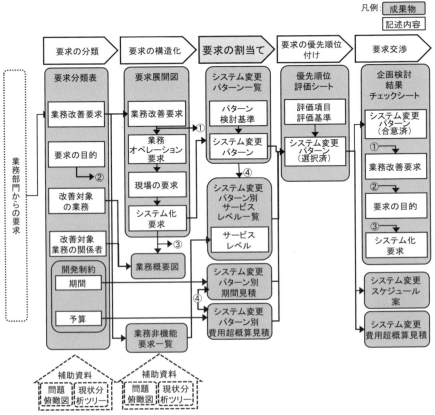

図 6.1-1 要求の割当てのアクティビティ，成果物，検討項目

算の期間や費用の見積りを作成する.

6.1.2 狙い

アクティビティ「要求の割当て」の実施を通じて,以下の状況が達成できることを狙いとする.
(1) システム変更の範囲・内容が最大から最小のパターンまで複数のシステム変更パターン案が作成できていること
(2) 変更パターン案ごとに超概算の期間と費用が把握できており,現実的に対応可能なシステム変更の範囲と内容の見通しがあること

6.2 アクティビティの内容

6.2.1 インプット

前アクティビティ「要求の構造化」で導出された業務改善要求からシステム化要求の因果関係を表す「要求展開図」および現状の業務を俯瞰し,業務の変更範囲を示した「業務概要図」をインプットとする.これらの内容に基づき後述するタスクが実施される.

6.2.2 タスク

表6.1 「要求の割当て」のタスクと成果物

「要求の割当て」のタスク	成果物
(1)システム変更パターン作成	「システム変更パターン一覧」 複数のシステム変更パターンを作成する.
(2)システム変更パターン別サービスレベル設定	「システム変更パターン別サービスレベル」 システム変更パターンごとの要求の目的達成度とサービスレベル要求を設定する.
(3)システム変更パターン別変更期間超概算見積算出	「システム変更パターン別期間見積」 システム変更パターンごとの超概算変更期間を算出する.
(4)システム変更パターン別費用超概算見積算出	「システム変更パターン別費用超概算見積」 システム変更パターンごとの超概算費用を算出する.

(0) システム変更パターン作成

システム化要求に対して，システム要求を実現する複数のシステム変更パターンを作成する．システム変更パターンは，業務改善を実現する最小のシステム機能の実現から，改善対象の業務を最適化するシステム機能，さらには対象業務を含むビジネス全体の改善を実現するシステム機能，のように複数の実現レベルを設定し，それに対してパターン検討基準軸を定義し，それらを満たすためにどの様なシステム変更が考えられるかを検討する．

(1) システム変更パターン別サービスレベル設定

各システム変更パターンが目指すべきサービスレベルを明らかにする．サービスレベルの検討の際には，現行システムと比較して，サービスレベルを上げるべきか下げるべきかを検討し，さらに具体的なサービスレベルの内容を決定する．

(2) システム変更パターン別変更期間超概算見積算出

システム変更パターンごとにそれらに対するサービスレベルをふまえ，実現に要する変更期間の超概算見積りを行う．

「要求分析表」に期限に関する制約の記載がある場合には，期限内での実現が可能であるかを確認する．

(3) システム変更パターン別費用超概算見積り算

システム変更パターンごとに，それらに対するサービスレベルをふまえ実現に要する変更費用の超概算見積りを行う．

「要求分析表」に期限に関する制約の記載がある場合には，希望する期限内での実現が可能であるかを確認する．

ここで超概算レベルの見積りはプロジェクトの初期段階で，費用を大まかに把握する．情報収集のために行う見積りの精度としては，－50％から，＋100％（1/2から2倍になる可能性がある）とする．

6.3 成果物

6.3.1 システム変更パターン一覧

(1) 記述概要

成果物「システム変更パターン一覧」は，アクティビティ「要求の構造化」の実施の結果導出された，システム要求に対して，実現可能なシステム変更の範囲や効果を把握する（図 6.3.1-1）．

(2) 記述目的

成果物「システム変更パターン一覧」は，システム要求に対して，業務改善を実現する最小のシステム機能の実現から，改善対象の業務を最適化するシステム機能，さらには対象業務を含むビジネス全体の改善を実現するシステム機能，のように複数の実現レベルを設定したうえで，各レベルで実現するべきシステム変更内容を明らかにするためのパターンの基準を定義し，それぞれの基準を実現するためのシステム変更内容を明らかにすることで，システム変更の選択肢を明らかにすることが狙いである．

(3) 記述方法

1) システム変更パターンを洗い出すために，検討レベルを設定する．

複数の実現レベルを設定する．下記のようにビジネス全体への効果を検討する高い視点での実現レベルから，業務部門からの業務改善を実現するような少なくとも3レベルを設定することが望ましい（図6.3.1-1「システム変更パターン一覧」の記述サンプル参照）．

　a) 松レベル：ビジネス全体に効果的なシステム機能を検討する
　b) 竹レベル：改善対象の業務を最適化するシステム機能を検討する
　c) 梅レベル：業務改善を実現する最小のシステム機能を検討する

2) 三つの検討レベルに応じて，それぞれパターン検討基準を軸にシステム変更パターンを検討する．

前タスクで設定したレベルごとにパターンの検討基準を設定する．

　松パターン：経営層の求める価値と業務部門の求める価値を最大にするシステム変更方法を検討する

第6章 ◆ 要求の割当て

システム化要求	検討レベル	システム化要求	経営層の求める価値※ ①	②	③	④	業務部門の求める価値※ ①	②	③	④	⑤	システム変更内容	システム変更パターン
(1)申込受付業務システムと設置作業管理業務システムがリアルタイムに連携され、申込時に設置作業日を選択し決定できる (2)申込受付業務システムから常に最新の設置作業可能日データが参照でき、申込受付担当者は申込受付時に設置作業日の調整をシステム上で処理できる (3)設置作業に必要な情報が設置作業管理業務システムに自動連携され、作業者が参照できる	松レベル	(1)		✔		✔	✔	✔	✔			顧客はWeb申込システムで、申込受付担当者は申込受付業務システムで設置作業管理システムの設置作業可能日を参照し、設置作業日を選択する	業界標準システム構築 業界初の、申込時に顧客が設置作業日を選択できるサービスを開始する
		(2)		✔		✔	✔	✔	✔			Web申込システムまたは申込受付業務システムで選択された設置作業日情報と設置作業に必要な申込情報を、設置作業管理システムに自動送信する	
		(3)		✔		✔	✔	✔	✔			設置作業日管理システムは申込受付業務システムから連携されたデータを基に、設置作業データを更新する	
	竹レベル	(1)	対象外					✔	✔	✔		申込受付担当者は申込受付業務システムで設置作業管理システムの設置作業可能日を参照し、設置作業日を選択する	業務システム最適化 申込受付担当者の作業手配業務フローを見直して、顧客への問合時に設置作業日を確定するシステムを導入し、業務負荷を削減する
		(2)						✔	✔	✔		申込受付業務システムで選択された設置作業日情報と設置作業に必要な申込情報を、設置作業管理システムに自動送信する	
		(3)						✔	✔	✔		設置作業管理システムは、受付システムから連携されたデータを基に設置作業データを更新する	
	梅レベル	(1)	対象外				対象外				✔	対応なし	既存システム一部拡張 申込受付担当者で作業日を参照・登録できるようにシステム機能を追加する
		(2)									✔	申込受付担当者が、設置作業者の設置作業日管理システムを操作できる	
		(3)									✔	対応なし	

図6.3.1-1 「システム変更パターン一覧」の記述サンプル

竹パターン：業務部門の求める価値を最大にするシステム変更方法を検討する．

梅パターン：業務部門の求める価値のうち，システムを前提としない代替策を中心に検討する．

3) システム化要求の欄を記入する．
4) 検討のレベルごとに，検討に盛り込むパターン検討基準を選択し，✔印を記入する．
5) 該当する検討基準を最大限に満たすシステム変更内容を検討してシステム変更内容欄に記入する．
6) システム変更方法の概要をシステム変更パターン欄に記入する．

(4) 記述の指針

システム変更の範囲を探ることが目的のため，サンプルや解説の例で示した三つのシステム変更パターンを検討することが望ましい．ただし，システム変更の範囲や視点が類似してしまう場合は，必ずしも3パターンのシステム変更パターンを洗い出す必要はない．

サンプルおよび解説の例では，システム変更パターンを検討する軸については，経営層や業務部門が求める価値を基準としているが，案件によっては，コストや変更期限などのビジネス上の条件を基準とするなどの方法も考えられる．状況に応じて適切な基準を設定することが望ましい．

それぞれのパターンを検討するうえでの基準を設定するには，図6.3.1-2が利用できる．

		パターンの基準
経営層の求める価値	①	経営意思決定情報の正確性，スピード向上
	②	システム導入による投資対効果の高さ
	③	システム導入リスクの低さ
	④	業界トレンド，技術動向
業務部門の求める価値	①	要求を満たすシステム機能の実現
	②	業務効率化への貢献
	③	業務品質の向上
	④	現行業務への影響の低さ
	⑤	システムを前提としない代替策の有無

図 6.3.1-2 「システム変更パターン一覧」におけるパターンの基準例

6.3.2　サービスレベル一覧

(1) 記述概要

　　成果物「サービスレベル一覧」は，前述のタスクで検討した各システム変更パターンごとに，サービスレベルを設定する（図6.3.2-1）．

(2) 記述目的

　　成果物「サービスレベル一覧」は，システム変更期間と費用の見積りに必要となる各システム変更パターンごとに求められるサービスレベルを明らかにすることである．

システム変更パターン	サービスレベル					
	可用性	性能・拡張性	運用・保守性	移行性	セキュリティ	システム環境・エコロジー
業界標準システム構築 業界初の申込み時に顧客が設置作業日を選択できるサービスを開始する	↑ 24時間365日へ変更	↑ 不特定多数のユーザが利用	↑ 社外システムと連携	↑ 現行システムから移行	↑ 重要情報を暗号化	↑ 法令遵守の制約あり
業務システム最適化 申込受付担当者の作業手配業務フローを見直して，顧客への問合せ時に設置作業日を確定するシステムを導入し，業務負荷を削減する	－ 変更なし	ユーザ数の上限が決まっている	社内システムと連携	変更なし	重要情報を暗号化	変更なし
既存システム一部拡張 申込受付担当者で作業日を参照・登録できるようにシステム機能を追加する	－ 変更なし	変更なし	変更なし	変更なし	変更なし	変更なし

サービスレベルの凡例	
↑	サービスレベル引き上げ
－	現状維持
↓	サービスレベル引き下げ

図 6.3.2-1　「サービスレベル一覧」の記述サンプル

(3) 記述方法（図 6.3.2-2）
1) システム変更パターンを記入する．
2) サービスレベルの基準を設定する．
たとえば表 6.2 のような非機能要求の項目例を参照するとよい．
3) 各基準のサービス例を記入する．
現行システムと比較して，その項目のサービスレベルを上げるのか，下げるのか，現状維持なのかを記入する．現状から変更する場合には，変更されるサービスレベルの内容を記入する．

(4) 記述の指針
サービスレベルの軸は必ずしも記述サンプルのものを利用する必要はない．現行システムのサービスレベル定義を参考に適切な軸を設定する．
サービスレベルの内容はシステム変更期間と費用を見積る際の参考となるよう，システム変更パターンごとのサービスレベルの変更ポイントを簡潔に記載する．

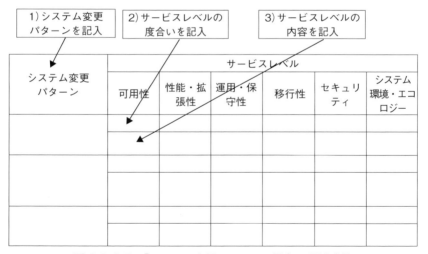

図 6.3.2-2　「システム変更パターン一覧」の記述方法

表6.2 非機能要求の項目例

項目	説明	要求の例	実現方法の例
可用性	システムサービスを継続的に利用可能とするための要求	運用スケジュール（稼働時間・停止予定など） 障害，災害時における稼働目標	機器の冗長化やバックアップセンターの設置 復旧・回復方法および体制の確立
性能，拡張性	システムの性能，および将来のシステム拡張に関する要求	業務量および今後の増加見積り システム化対象業務の特性（ピーク時，通常時，縮退時など）	性能目標値を意識したサイジング 将来へ向けた機器・ネットワークなどのサイズと配置＝キャパシティ・プランニング
運用・保守性	システムの運用と保守のサービスに関する要求	運用中に求められるシステム稼働レベル 問題発生時の対応レベル	監視手段およびバックアップ方式の確立 問題発生時の役割分担，体制，訓練，マニュアルの整備
移行性	現行システム資産の移行に関する要求	新システムへの移行期間および移行方法 移行対象資産の種類および移行量	移行スケジュール立案，移行ツール開発 移行体制の確立，移行リハーサルの実施
セキュリティ	情報システムの安全性の確保に関する要求	利用制限 不正アクセスの防止	アクセス制限，データの秘匿 不正の追跡，監視，検知 運用員などへの情報セキュリティ教育
システム環境・エコロジー	システムの設置環境やエコロジーに関する要求	耐震/免震，重量/空間，温度/湿度，騒音など，システム環境に関する事項 CO_2排出量や消費エネルギーなど，エコロジーに関する事項	規格や電気設備に合った機器の選別 環境負荷を低減させる構成

6.3.3 システム変更パターン別期間見積り

(1) 記述概要

　　成果物「システム変更パターン別期間見積り」は，システム変更パターンに対して，開発の分類で明らかにした開発期間の制約に基づき，開発期間の見積りを行う（図6.3.3-1）．

(2) 記述目的

システム変更パターンごとのシステム変更期間を見積り，システム変更期限が制約として提示されている場合は，期限内で実現できるかを確認すること．
(3) 記述方法（図 6.3.3-2）

システム変更パターンを記入する

システム変更パターン一覧とサービスレベル一覧を参考情報としてベンダに提示する．

システム変更期間の見積りをベンダに依頼し，その結果をシステム変

No.	システム変更パターン	システム変更期間		
		期間合計	類似案件名	類似案件詳細情報
1	業界標準システム構築 業界初の申込時に顧客が設置作業日を選択できるサービスを開始する	8カ月～10カ月	A社 新サービス開始に伴うシステム再構築	ユーザ数XX 24時間365日
2	業務システム最適化 申込受付担当者の作業手配業務フローを見直して，顧客への問合せ時に設置作業日を確定するシステムを導入し，業務負荷を削減する	6カ月～8カ月	B社 業務システム刷新	ユーザ数XX 平日：9時～18時
3	既存システム一部拡張 申込受付担当者で作業日を参照・登録できるようにシステム機能を追加する	5カ月～7カ月	C社 既存システム変更	ユーザ数XX 平日：9時～18時

図 6.3.3-1　「システム変更パターン別期間見積もり」の記述サンプル

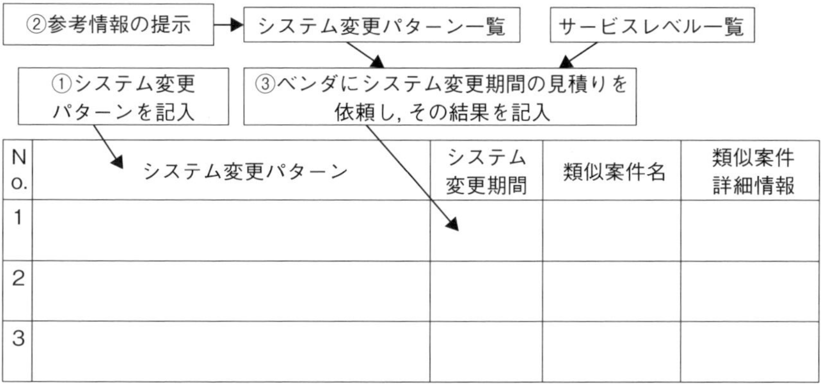

図 6.3.3-2　「システム変更パターン別期間見積り」の記述方法

更期間欄に記入する.
(4) 記述の指針

変更可能なシステム変更期間を見積り，変更パターンごとの規模感の違いを明らかにする．この段階では超概算レベルの見積りのため，変更期間の範囲を把握する．また詳細の要求が決まっていない段階での見積りのため，類似案件をベースにした見積を想定している．

この段階では，制約内でシステム変更が実現できるかを確認するために見積り依頼をしており，ソフトウェア開発工程ごとの期間を把握する必要はない．

期間算出の根拠となった類似案件情報は，参考情報として把握しておくことが望ましいが，システム変更パターンを選択する上で必須ではない．

6.3.4 システム変更パターン別費用超概算見積り

(1) 記述概要

成果物「システム変更パターン別費用超概算見積り」は，期間見積りと同様，システム変更パターンに対して，開発の分類で明らかにした予算の制約に基づき，この段階で可能な開発費用の超概算見積りを行う（図6.3.4-1）．

(2) 記述目的

システム変更パターンごとのシステム変更費用を見積り，システム変更が制約内で実現できるかを確認すること．

(3) 記述方法（図6.3.4-2）
1) システム変更パターンを記入する．
2) システム変更パターン一覧とサービスレベル一覧を参考情報としてベンダに提示する．
3) 「システム変更費用」の見積りをベンダに依頼し，その結果を超概算見積欄に記入する．

(4) 記述の指針

変更可能なシステム変更費用を見積り，変更パターンごとの規模感の違いを明らかにする．この段階では超概算レベルの見積りのため，変更

6.3 ◆ 成果物

No.	実現パターン	超概算見積						
		変更開発費合計（維持費用を除く）	ソフトウェア要求定義	ソフトウェア開発費	ハードウェア	維持管理費用	類似案件概要	類似案件情報
1	業界標準システム構築 業界初の申込み時に顧客が設置作業日を選択できるサービスを開始する	474 百万円〜	6人×百万円×3カ月	30人×百万円×7カ月	200百万円	(5人月×百万円)/1カ月	A社新サービス開始に伴うシステム再構築	ユーザ数XX 24時間365日
2	業務システム最適化 申込受付担当者の作業手配業務フローを見直して，顧客への問合せ時に設置作業日を確定するシステムを導入し，業務負荷を削減する	232 百万円〜	5人×百万円×2カ月	20人×百万円×5カ月	100百万円	(3人月×百万円)/1カ月	B社業務システム刷新	ユーザ数XX 平日9時〜18時
3	既存システム一部拡張 申込受付担当者で作業日を参照・登録できるようにシステム機能を追加する	206 百万円〜	4人×百万円×2カ月	20人×百万円×4カ月	100百万円	(1人月×百万円)/1カ月	C社既存システム変更	ユーザ数XX 平日9時〜18時

図 6.3.4-1 「システム変更パターン別超概算見積り」の記述サンプル

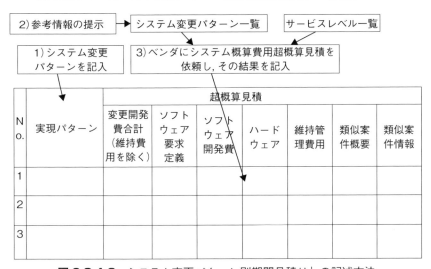

図 6.3.4-2 システム変更パターン別期間見積り」の記述方法

113

金額の範囲を把握する．また詳細の要件が決まっていない段階での見積りのため，類似案件をベースにした見積りを想定している．

　超概算費用算出の根拠となった類似案件情報は，参考情報として把握しておくことが望ましいが，システム変更パターンを選択する上で必須ではない．

第7章 要求の優先順位付け

- 7.1 アクティビティの概要と狙い
- 7.2 アクティビティの内容
- 7.3 成果物

7.1 アクティビティの概要と狙い

7.1.1 概要

アクティビティ「要求の優先順位付け」では，前アクティビティで洗い出された複数のシステム変更パターンの候補から，本案件において優先的に実施すべきシステム変更パターンの選択を行う（図 7.1.1-1）．

要求アナリストは，複数のシステム変更パターンを比較評価（優先順位付け）するための評価項目と評価基準の設定を行う．また，次のアクティビティ「要

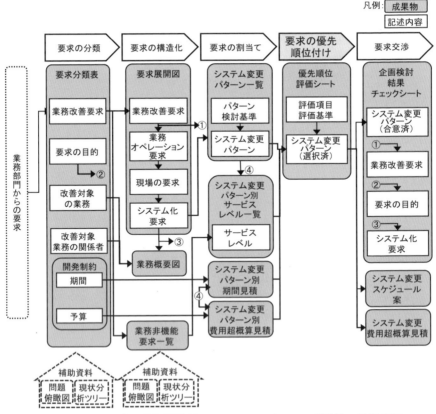

図 7.1.1-1 要求の優先順位付けのアクティビティ，成果物，検討項目

求交渉」に向けて，システム変更パターンの選択結果，およびその根拠を文書化することも求められる．

7.1.2　狙い

アクティビティ「要求の優先順位付け」の実施を通じて，以下の状況が達成できていることを狙いとする．
(1) 優先すべきシステム変更パターンが選択されていること．
(2) 上述の選択が，案件タイプに応じた適切な評価項目，および評価基準に基づいてなされていることが文書化されていること．

7.2　アクティビティの内容

7.2.1　インプット

前アクティビティ「要求の割当て」で検討された成果物「システム変更パターン一覧」，「サービスレベル一覧」，「システム変更パターン別期間見積」，「システム変更パターン別費用超概算見積」をインプットとする．これらの成果物の内容に基づき後述するタスクが実施される．

7.2.2　タスク

表7.1　「要求の優先順位付け」のタスクと成果物

「要求の優先順位付け」のタスク	成果物
(1)評価項目の設定	「優先順位評価シート」
(2)システム変更パターンの選択	優先実施すべきシステム変更パターンを選択する

(1) 評価項目の設定

　　ステークホルダがシステム変更パターンの選択をするためには，複数のシステム変更パターンの候補に対して，様々な観点から優先順位付け

を行うことが望ましい．本タスクでは，システム変更パターンの優先順位付けの評価項目，および判断するための評価基準の設定を行う．

　評価項目は，案件タイプに応じて設定を行う．本書では代表的な三つの案件タイプ（新規事業創出，置き換え，インフラ整備）を想定した評価項目のサンプルを提示する．詳細は成果物の節で後述する．

(1) システム変更パターンの選択

　設定した評価項目と評価基準にしたがって，複数のシステム変更パターンの候補の優先順位付けを行う．その上で，実施すべきシステム変更パターンを選択する．

7.3　成果物

7.3.1　優先順位評価シート

(1) 記述概要

　成果物「優先順位評価シート」は，前述のタスクの実施結果である（図7.3.1-1）．複数のシステム変更パターンの候補への評価結果が記述される．総合評価に際しては，選択された評価項目に対して重み付けの設定を行う．評価項目の評価結果に，設定された重み付けをふまえて，システム変更パターンの総合評価の定量化（総合得点の算出）を実施する．

(2) 記述目的

　成果物「優先順位評価シート」は，システム変更パターンの選択結果に関して，なぜそのシステム変更パターンが選択されたのかの合理的な根拠を示すことが狙いである．

(3) 記述方法（図7.3.1-2）

　1）案件タイプの選択

　　システム変更がどの案件タイプに該当するかの選択を行う．典型的な案件タイプとして，以下に記す三つが挙げられる．

　　a) 新規事業創出タイプ

　　　新たな事業を展開するために情報システムを導入するケースである．

システム変更パターン	評価項目							総合点数	総合評価
	メリット		フレキシビリティ		リスク		コスト		
	生産性の向上	業務プロセスの効率化	既存システムへの適合・親和	市場変化への対応迅速化	プロジェクト期間・規模・時期	ベンダ・製品への依存	システム導入コスト		
業界標準システム構築	A	A	B	A	C	B	D	33	実現機能に対して費用が高い
業務システム最適化	B	B	B	B	A	C	B	35	実現機能と費用のバランスが良い
既存システム一部拡張	C	D	A	C	A	D	A	31	実現機能が要求を満たさない
評価重み付け	x2	x1.5	x1.5	x2	x2	x1.5	x2		

評価基準

	メリット	フレキシビリティ	リスク	コスト
A 4点	効果の実現が十分期待できるもの	現行の業務に親和するもの／将来の環境変化に迅速に対応できるもの	リスク対応策が用意されている／リスクの発生の可能性が極めて低い	短期間のプロジェクトで実現可能なもの
B 3点	一部の効果の実現が期待できるもの	現行の業務に一部が適合しないもの／想定できる環境変化には対応可能であるもの	対応策はないが、社内リソースで対応可能と思われるもの	プロジェクトは短期間ではないが、立ち上げなどにおいて調整・検討などの必要がないもの
C 2点	間接的／長期的に効果の実現に貢献できるもの	現行と異なる業務へ変更されるもの／環境変化への対応が考慮されていないもの	リスク対応が困難で、システム化の実現に影響をおよぼす可能性があるもの	変更・開発の規模が大きく、プロジェクトの立ち上げに際して事前に調整の必要があるもの
D 1点	効果の実現が期待できないもの	現行の業務の一部に不都合が生じるもの／環境変化への対応が不可能なもの	リスク対応が困難で、システム化の実現に大きく影響をおよぼす可能性があるもの	変更・開発の規模が大きく、期間が長く、プロジェクトの立ち上げに際して事前に経営層に調整の必要があるもの

図 7.3.1-1 「優先順位評価シート」の記述サンプル

このような案件タイプでは，期待される事業収益に占めるシステムの貢献度を予測して，定量的に投資効果を判断することが望ましい．一方で，このような数値を算出することが難しい場合には，「顧客満足度の向上」といった定性的な観点を重点的に評価する

b) 置き換えタイプ

現行業務の効率や品質向上の支援のために情報システムを導入するケースである．

このような案件タイプでは，システム導入により削減されるコストや「生産性の向上」，「業務プロセスの効率化」といった定量

的な観点を中心に評価する

c) インフラ整備タイプ

ネットワークやストレージ，ミドルウェアなどのシステム基盤の整理・統合・拡張のためにシステムを導入するケースである．

このような案件タイプでは，インフラ基盤を整備することにより削減されるコストを中心に評価する．そのほかに「技術の陳腐化」など定性的な観点も併せて評価する．

システム変更パターン	評価項目				総合点数	総合評価
			2) 評価項目の選択			
システム変更パターンX					5) 総合評価	
システム変更パターンY						
評価重み付け		4) 評価項目の重み付け				

評価基準

	メリット	フレキシビリティ	リスク	コスト
A 4点				
B 3点		3) 評価基準の策定		
C 2点				
D 1点				

図7.3.1-2 「優先順位評価シート」の記述方法 2)～5)

2) 評価項目の選択

優先順位付けのための評価項目の選択を行う．本実践ガイドでは，評価項目の観点として，メリット，フレキシビリティ，コスト，リスクの四つを取り上げる．表7.2で示す例のように，案件タイプにより，各観点で重視すべき評価項目は異なってくる．要求アナリストは，案件タイプをふまえて，評価項目の選定をしていく．

3) 評価基準の策定

評価を行う上での評価基準を策定する．四つの観点における4段

表7.2 評価項目の選択

観点	評価項目	a)新規事業創出	b)置き換え	c)インフラ整備
メリット (期待効果)	生産性の向上			
	業務プロセスの効率化		○	
	顧客満足度の向上			
	収益拡大機会の増大			
	財務体質改善	○		
フレキシビリティ (適合性・拡張性)	既存システムへの適合・親和		○	
	インフラと人的資源の活用			○
	将来的な追加投資の低減			
	市場変化への対応迅速化	○		
リスク	プロジェクト期間・規模・時期		○	
	技術の陳腐化			○
	ベンダ・製品への依存		○	
	外的経済環境・法整備	○		
コスト	ハードウェア・ソフトウェア			
	システム導入コスト		○	
	稼働後の保守・運用コスト		○	
	利用者支援・研修			

階（AからDまで）の評価基準は，たとえば「優先順位評価シート」の記述サンプルの下部，評価基準のように定める．評価基準の作成においては，段階ごとの基準の違いを明確にすることが重要である．

3段階評価の場合，中間の基準に評価が集中して優先順位に差がつかなくなることもあるため，4段階評価が望ましい．

4) 評価項目の重み付け

重要視する項目について，重み付けを行う（例：重点評価項目のうち，特に重視する項目は点数を2倍，重点評価項目は1.5倍）．

ここまでの優先順位付けの評価項目とその重み付け，評価基準の設定では，適時，業務部門の意見を反映して選択することが望ましい．

5) 総合評価

それぞれのシステム変更パターンに対して，評価基準に沿って評価項目ごとに評価を行う．その上で，重み付けもふまえて各システム変更パターンの総合得点を算出する．この結果を受けて，優先順位の高いシステム変更パターンを選択する．

第 **8** 章
要求交渉

- 8.1 アクティビティの概要と狙い
- 8.2 実施内容
- 8.3 成果物
- 8.4 実践の秘訣

8.1 アクティビティの概要と狙い

8.1.1 概要

アクティビティ「要求交渉」では，前アクティビティ「要求の優先順位付け」で選択されたシステム変更パターンの内容に基づき，要求アナリストがシステムの開発スケジュールと見積り（超概算レベル）の検討を行う（図8.1.1-1）。検討の過程では，関係するステークホルダとも連携し，ステークホルダ間の合意に向けた調整を行う．

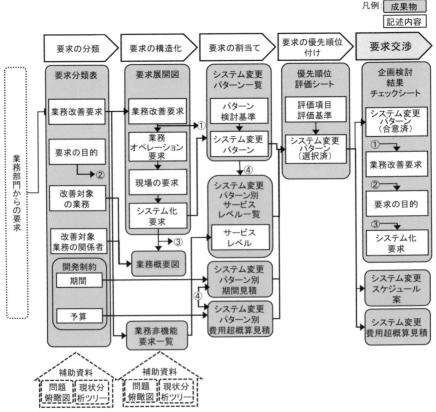

図 8.1.1-1 要求交渉のアクティビティ，成果物，検討項目

併せて，システム変更パターンの内容の実現（システム化）により，業務が改善できること（業務改善要求の目的と整合していること）の最終確認を行う．この確認作業を通じて，システム変更パターンの内容に漏れがないことの確認もする．ここまでの内容を，業務部門を含む関係するステークホルダと共有し，内容の合意を行う．

8.1.2 狙い

アクティビティ「要求交渉」の実施を通じて，以下の状況が達成できていることを狙いとする．

(1) 選択したシステム変更パターンが，期限や予算などの制約事項の範囲内で実現できることを検証できていること．
(2) 選択したシステム変更パターンが業務を確実に改善することを検証できていること．
(3) 上述の検証内容について業務部門と情報共有・合意できていること．

8.2 実施内容

8.2.1 インプット

前アクティビティ「要求の優先順位付け」で選択されたシステム変更パターンを主要なインプットとする．加えて，アクティビティ「要求の分類」で記述された要求の目的や，アクティビティ「要求の構造化」で抽出・整理された業務改善要求やシステム化要求の内容もふまえて，後述するタスクが実施される．

8.2.2 タスク

(1) スケジュール案の作成

　　前アクティビティで選択したシステム変更パターンについて，実現に向けたスケジュール案を作成する．作成に際しては，アクティビティ「要求の分類」（第4章）でも整理した制約事項（例：守るべきプロジェ

表8.1 「要求交渉」のタスクと成果物

「要求交渉」のタスク	成果物
(1)スケジュール案の作成	「システム変更スケジュール案」 システム変更を実現するためのスケジュール案を作成する.
(2)費用の見積り	「システム変更費用超概算見積」 システム変更の実現に伴う費用を超概算レベルで検討する.
(3)要求との整合性の確認	「企画検討結果チェックシート」 システム変更,および業務変更の内容と,上位要求(業務改善要求)の内容の整合性を確認する.

クトの完了期限)の振り返りも行う.作成したスケジュールを用いて,業務部門を含めた各ステークホルダとの合意に向けた調整を進める.

上述の調整のなかで,もし完了期限を前倒しする要望が出た場合には,システム変更の範囲・内容を見直して変更期間を短縮化することも一つのオプションとなる.

(2) 費用の見積り

選択したシステム変更パターンの実現に向けた見積りを行う.なお,この段階での見積りは,あくまで費用を大まかに把握することが狙いであるため,超概算見積りを想定している.作成した見積りを用いて,業務部門を含めた各ステークホルダとの合意に向けた調整を進める.

前タスクと同様に,上述の調整のなかで,もし費用削減の要望が出た場合には,システム変更の範囲・内容を見直して変更コストを圧縮することも一つのオプションとなる.

(3) 要求との整合性の確認

選択したシステム変更パターンにより実現する業務・システムの内容(変更内容)が,これまでに抽出・整理された業務改善要求,要求の目的,そしてシステ化要求の内容を満たすことを確認する.また,これまでの検討の結果,システム変更の対象外となった要求に関する対応策(例:運用対処)についても検討を行う.以上の内容について,関係者(業務部門含めたステークホルダ)と合意に向けた調整を行う.

8.3 成果物

8.3.1 システム変更スケジュール案

(1) 記述概要

成果物「システム変更スケジュール案」は，選択したシステム変更パターンに対して，想定の期間内で実現するためのスケジュールを検討した内容が記述される（図8.3.1-1）．

(2) 記述目的

成果物「システム変更スケジュール案」は，選択したシステム変更パターンの実現に向けたスケジュールを，業務部門を含めたステークホルダと調整し合意することが狙いである．

(3) 記述方法

1) システム変更パターンの記述

選択したシステム変更パターンについて，変更内容を業務部門と最終調整し，その結果と理由を記述する．

2) スケジュール案の作成

システム変更パターンの最終調整結果を受けて，業務部門を含めた関連ステークホルダと調整を行いスケジュール案を作成する．

もし，選択したシステム変更パターンでは制約事項であるプロジェクトの期限内で実現できない場合，システム変更の内容や範囲が見直される可能性もある．実際に見直しとなった場合には，どのような経緯で選択したシステム変更パターンの見直しが行われたかを記録するようにする．

3) イベントとマイルストンの記述

システム変更に伴い発生するマイルストン（例：システムのリリース），およびシステムと関連する業務のイベント（例：キャンペーン開始）を記述する．これらの情報は，変更システムのリリースと関連業務のイベントのタイミングが合致すること，または悪影響がないことを確認できるため，スケジュールを進める上での目安となる．

第8章 ◆ 要求交渉

システム変更方法	システム変更期間(類似案件参照)		
	期間合計	類似案件名	類似案件規模
業務システム最適化 申込受付担当者の作業手配業務フローを見直して，顧客への問合せ時に設置作業日を確定するシステムを導入し，業務負荷を削減する 調整結果：日程再設定の場合は，別対応とし，連携機能開発を抑える 調整理由：開発費用を想定の金額内に抑えるため	7か月 →6カ月	B社 業務システム刷新	ユーザ数 XX 平日：9時 ～18時

2カ月単位

	4月	6月	8月	10月	
イベント				▲ インターネット申込み者向けキャンペーン開始	
マイルストン				▲システムリリース	
スケジュール	〉ソフトウェア要求定義〉	ソフトウェア開発		〉	
	1.5カ月	4.5カ月			

図 8.3.1-1 「システム変更スケジュール案」の記述サンプル

8.3.2 システム変更費用超概算見積り

(1) 記述概要

　成果物「システム変更費用超概算見積り」は，選択したシステム変更パターンの実現に向けた費用項目（例：ソフトウェアの開発費，ハードウェアの調達費）と，その配分を検討した内容が記述される（図8.3.2-1）．

(2) 記述目的

　成果物「システム変更費用超概算見積り」は，選択したシステム変更パターンを想定の金額内で実現できるように，費用項目やその配分について業務部門を含めたステークホルダと調整し合意することが狙いである．

(3) 記述方法（図8.3.2-2）

1) 費用項目の設定

   選択したシステム変更パターンについて，費用総額の見積り（超概算見積り）を行う上で検討すべき費用項目を設定する．変更内容を業務部門と最終調整し，結果と理由を追記する．

2) 費用配分の設定

   システム変更パターンの内容に基づき，各費用項目の配分額を記入する．この際，費用総額が制約事項である予算上限を超過する場合，配分額を減額する必要が出てくる．業務部門と調整を行い，システム変更内容と範囲の見直しをして，予算上限の金額内に収めることも必要となってくる．もし見直しを行った場合には，見直しの

システム変更方法	業務改善に伴うシステム対応の超概算見積					
	変更開発費合計（維持費用を除く）	ソフトウェア要求定義	ソフトウェア開発費	ハードウェア	維持管理費用	類似案件情報
業務システム最適化 申込受付担当者の作業手配業務フローを見直して，顧客への問合せ時に設置作業日を確定するシステムを導入し，業務負荷を削減する 調整結果：日程再設定の場合は，別対応とし，連携機能開発を抑える 調整理由：開発費用を想定の金額内に抑えるため	~~232百万円~~ → 200百万円	5人 ×百万 ~~×2ヵ月~~ →1.5ヵ月	→17人 ~~20人~~ ×百万 ~~×5ヵ月~~ →4.5ヵ月	100 百万円	(3人月×百万円)/1か月	ユーザ数 XX 平日 9時～18時

図 8.3.2-1 「システム変更費用概算見積り」の記述サンプル

理由も本成果物に追記し，どのような経緯で変更が行れたかを後からでも追跡できるようにする．

また，もしシステム変更の費用が想定する金額を大幅に超過している場合には，前アクティビティ「要求の優先順位付け」まで戻るケースもある．システム変更パターン一覧までさかのぼり，再度システム変更パターンの見直しから実施することになる．

システム変更方法	業務改善に伴うシステム対応の超概算見積					
	変更開発費合計（維持費用を除く）	ソフトウェア要求定義	ソフトウェア開発費	ハードウェア	維持管理費用	類似案件情報

2) 費用配分の設定

1) 費用項目の設定

図 8.3.2-2 「システム変更費用概算見積り」の記述方法

8.3.3 企画検討結果チェックシート

(1) 記述概要

　　成果物「企画検討結果チェックシート」は，確定したシステム変更パターンが，これまでに検討してきた業務改善要求，要求の目的，システム化要求を満足するかどうかを検証した内容が記述される（図 8.3.6-1）．

(2) 記述目的

　　成果物「企画検討結果チェックシート」は，確定したシステム変更パターンが，業務改善要求，要求の目的，システム化要求を満たすこと業務部門と共有し，その内容の合意に至ることが狙いである．

(3) 記述方法

　1) 要求との整合性検証

　　　選択したシステム変更パターンが，業務改善要求，要求の目的，システム要求を満たすことを確認した結果を記述する．

　2) 未対応要求の対応方法の検討

　　　検証の結果，システム変更パターンの実現によっても満たすことができない要求（未対応要求）がある場合には，今後の対応方法（例：運用対処）を記載する．

(4) 記述の指針

　　本成果物の作成時点で，課題管理表に未対応の課題がないことを確認する．もし未対応の課題が存在する場合は，それが企画の段階で対応可

システム変更方法	業務改善要求	確認	要求の目的	確認	システム化要求	確認	変更の範囲外となった要求への対応
業務システム最適化 ✔申込受付担当者の作業手配業務フローを見直して，顧客への問合せ時に設置作業日を確定するシステムを導入し，業務負荷を削減する ✔日程再設定の場合は，別対応とし，連携機能開発を抑える	顧客のスマートメータ設置申込みから設置までの期間を短縮したい．	○	業務効率向上	○	申込受付業務システムと設置作業管理業務システムがリアルタイムに連携され，顧客は申込み時に設置作業日を選択し決定できる	△ オンライン申込みは対象外	申込み受付時に作業日を確定する．サービスの効果を検証した後実現を検討する
			業務の品質・精度の向上	○	申込受付業務システムから常に最新の設置作業可能日データが参照でき，申込受付担当者は申込み受付時に設置作業日の調整をシステム上で処理できる	○	なし
					設置作業に必要な情報が設置作業管理業務システムに自動連携され，作業者が参照できる	○	なし

図 8.3.3-1 「企画検討結果チェックシート」の記述サンプル

能な内容であるかを確認したうえで，次工程で対応を検討すべき課題は先送りとする．一方で，企画の段階で対応すべき課題が漏れていることを発見した場合は，早急に検討と対応を実施し，必要に応じて検討をやり直す．このようにして，選択したシステム変更パターンはこれまでに指摘された課題が全て反映されていることを確認する．

8.4 実践の秘訣

8.4.1 課題管理表

(1) 概要

誰がいつまでに何をどのように対応するのかを記録し，その対応完了までステータスを管理する（図8.4.1-1）．課題をステークホルダ間で情報共有をすることで，確実に合意形成を推進する．

(2) 効果

合意の内容や経緯を可視化することができ，ステークホルダ間で緊密に情報共有できる

検討課題の対応漏れを防ぐことができ，確実に合意形成を進めることができる．

(3) 実施

1) 課題管理表を作成，関係者間で共有し，課題管理をこの表に基づき管理することを合意する．
2) 検討すべき課題が発生した際，「課題タイトル」，「課題内容」，「記入日」を記載して課題をエントリーし，「担当者」，「対応期限」を明確にする
3) 担当者は割り当てられた課題について，「対応の方向性」を明確にして検討を開始し，「ステータス」により状況を管理する
4) 検討が完了した際，「ステータス」，「対応結果」，「完了日」を記載し，課題をクローズする

(4) 例

ステークホルダ間で記入方法や利用方法の認識合わせを行い，管理・共有のルールや課題の棚卸タイミングを明確に定義することが重要である

要求分析の各ステップで新たに検討課題が発生したり，ステータスに変化したりするごとに，課題管理表を都度更新し，課題を正確かつタイムリーに管理していくことが重要である．

課題ID	ステータス	課題タイトル	課題内容（事象）	対応の方向性（方針・進め方）	対応結果	担当者	記入日	対応期限	完了日	関連課題ID
連番で記入	例を参考に、プロジェクトに合わせて設定する	検討すべきテーマを記載する	事象やタスクを記載する	対応方針や進め方など、対応の方向性を記載する	対応結果を記載する（検討中のものについては必要に応じて対応状況を記載）	対応の実施者	記入日を記載	現時点で決定している, または想定される期限を記入	ステータスが完了となった日付を記載	集約した課題や分岐した課題のIDを記入

例）
「未着手」
「検討中」
「対応終了」
「承認」
「完了」

図 8.4.1-1 「課題管理表」の記述方法

付録A 逆引き

(1) システム変更の内容を明らかにしたい

No.	活用場面	参照箇所	参照頁
1	システム対応方法が検討しやすいように要求を整理したい	4.3.1 要求分類表	59
2	要求が漠然としており,どのような変更の効果を期待しているのか分からない	4.3.2 KJ法による問題俯瞰図	61
3	要求が本当に業務改善につながるのか分からない	4.3.3 現状分析ツリー	63
4	課題の対応に抜け漏れが発生している.対応状況が把握できていない.	8.4.1 課題管理表	132
7	現場で役に立つシステム変更方法を検討したい	5.3.1 要求展開図	73
8	システム変更方法の検討に行き詰まっている	5.3.2 KJ法による問題俯瞰図	78
9	システムを変更したいという要求が業務改善に結び付くのかどうか確認したい	5.3.3. 現状分析ツリー	81
10	システム変更の内容を業務部門が理解できるように説明したい	5.3.4 業務概要図	84
11	業務部門に複数のシステム変更案を選択肢として提示したい	6.3.1 システム変更パターン一覧	105
12	業務部門がシステム変更案を選択する際に判断材料となる情報を提示したい	6.3.2 サービスレベル一覧	108
13	業務部門がシステム変更案を選択する際に判断材料となる変更期間を提示したい	6.3.3 システム変更パターン別期間見積り	110
14	最適なシステム変更案を選択したい	7.3.1 優先順位評価シート	118
15	選択したシステム変更案が業務部門の要求を満たしていることを確認したい	8.3.3 企画検討結果チェックシート	130
16	選択したシステム変更案に検討漏れがないことを確認したい	8.3.3 企画検討結果チェックシート	130

(2) システム変更の規模・コスト感を知りたい

No.	活用場面	参照箇所	参照頁
1	要求をシステム変更で実現する上で，ビジネス上の条件となる情報を明らかにしたい	4.3.1 要求分類表	59
2	システム変更費用に影響するサービスレベルを明らかにしたい	6.3.2 サービスレベル一覧	108
3	システム変更費用に影響するシステム変更期間を明らかにしたい	6.3.3 システム変更パターン別期間見積り	110
4	システム変更案を選択するまでに，どのような見積を取るべきか分からない	6.3.4 システム変更パターン別費用超概算見積り	112
5	システム変更案を選択した段階で，どのように概算費用を把握すべきか分からない	6.3.4 システム変更費用超概算見積り	112

(3) 業務部門と合意形成をしたい

No.	活用場面	参照箇所	参照頁
1	多種多様な業務部門の合意を得やすいように要求を整理したい	4.3.1 要求分類表	59
2	業務部門が納得するシステム変更の内容を検討したい	5.3.4 業務概要図	84
3	業務部門が選択しやすいシステム変更案を提示したい	6.3.1 システム変更パターン一覧	105
4	業務部門と容易に合意が可能な方法でシステム変更案を選択したい	7.3.1 優先順位評価シート	118
5	システム変更案を選択した段階で，これまでの検討結果をふまえたスケジュール感を合意したい	8.3.1 システム変更スケジュール案	127

付録B 重要「記述サンプル」再録

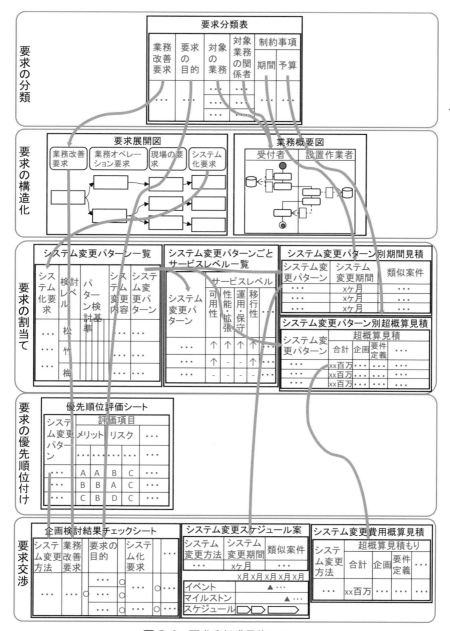

図2.4 要求分析成果物フロー

業務改善要求	要求の目的	改善対象の業務	改善対象業務の関係者	制約事項	
				期限	予算
顧客のスマートメータ設置申込みから設置までの期間を短縮したい．	・業務品質・精度の向上 ・業務効率向上	申込受付業務	一般顧客	6カ月後まで（申込者向けキャンペーン開始と同時に新サービスを開始するため）	開発費用の上限は200百万円である
			申込受付担当者		
		設置業務	設置作業者		

図 4.3.1-1 「要求分類表」の記述サンプル

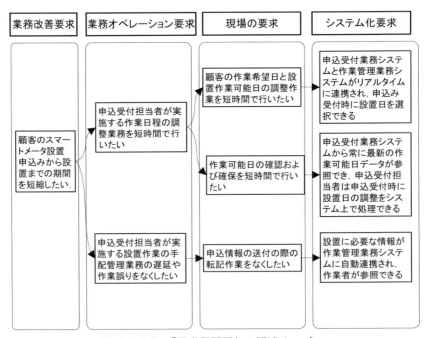

図 5.3.1-1 「要求展開図」の記述サンプル

システム化要求	検討レベル	システム化要求	パターン検討基準 経営層の求める価値※ ①	②	③	④	パターン検討基準 業務部門の求める価値※ ①	②	③	④	⑤	システム変更内容	システム変更パターン
(1)申込受付業務システムと設置作業管理業務システムがリアルタイムに連携され，申込時に設置作業日を選択し決定できる (2)申込受付業務システムから常に最新の設置作業可能日データが参照でき，申込受付担当者は申込受付時に設置作業日の調整をシステム上で処理できる (3)設置作業に必要な情報が設置作業管理業務システムに自動連携され，作業者が参照できる	松レベル	(1)		✔			✔	✔	✔	✔		顧客はWeb申込システムで，申込受付担当者は申込受付業務システムで設置作業管理システムの設置作業可能日を参照し，設置作業日を選択する	業界標準システム構築 業界初の，申込時に顧客が設置作業日を選択できるサービスを開始する
		(2)		✔			✔	✔	✔			Web申込システムまたは申込受付業務システムで選択された設置作業日情報と設置作業に必要な申込情報を，設置作業管理システムに自動送信する	
		(3)				✔	✔	✔	✔			設置作業日管理システムは申込受付業務システムから連携されたデータを基に，設置作業データを更新する	
	竹レベル	(1)	対象外					✔	✔	✔		申込受付担当者は申込受付業務システムで設置作業管理システムの設置作業可能日を参照し，設置作業日を選択する	業務システム最適化 申込受付担当者の作業手配業務フローを見直して，顧客への問合せ時に設置作業日を確定するシステムを導入し，業務負荷を削減する
		(2)						✔	✔	✔		申込受付業務システムで選択された設置作業日情報と設置作業に必要な申込情報を，設置作業管理システムに自動送信する	
		(3)						✔	✔	✔		設置作業管理システムは，受付システムから連携されたデータを基に設置作業データを更新する	
	梅レベル	(1)	対象外				対象外				✔	対応なし	既存システム一部拡張 申込受付担当者で作業日を参照・登録できるようにシステム機能を追加する
		(2)									✔	申込受付担当者が，設置作業者の設置作業日管理システムを操作できる	
		(3)									✔	対応なし	

図6.3.1-1 「システム変更パターン一覧」の記述サンプル

システム変更パターン	サービスレベル					
	可用性	性能・拡張性	運用・保守性	移行性	セキュリティ	システム環境・エコロジー
業界標準システム構築 業界初の申込み時に顧客が設置作業日を選択できるサービスを開始する	↑ 24時間365日へ変更	↑ 不特定多数のユーザが利用	↑ 社外システムと連携	↑ 現行システムから移行	↑ 重要情報を暗号化	↑ 法令遵守の制約あり
業務システム最適化 申込受付担当者の作業手配業務フローを見直して、顧客への問合せ時に設置作業日を確定するシステムを導入し、業務負荷を削減する	― 変更なし	↑ ユーザ数の上限が決まっている	↑ 社内システムと連携	― 変更なし	↑ 重要情報を暗号化	― 変更なし
既存システム一部拡張 申込受付担当者で作業日を参照・登録できるようにシステム機能を追加する	― 変更なし	― 変更なし	― 変更なし	― 変更なし	― 変更なし	― 変更なし

サービスレベルの凡例	
↑	サービスレベル引き上げ
―	現状維持
↓	サービスレベル引き下げ

図 6.3.2-1 「サービスレベル一覧」の記述サンプル

システム変更パターン	評価項目							総合点数	総合評価
	メリット		フレキシビリティ		リスク		コスト		
	生産性の向上	業務プロセスの効率化	既存システムへの適合・親和	市場変化への対応迅速	プロジェクト期間・規模・時期	ベンダ・製品への依存	システム導入コスト		
業界標準システム構築	A	A	B	A	C	B	D	33	実現機能に対して費用が高い
業務システム最適化	B	B	B	B	A	C	B	35	実現機能と費用のバランスが良い
既存システム一部拡張	C	D	A	C	A	D	A	31	実現機能が要求を満たさない
評価重み付け	x2	x1.5	x1.5	x2	x1.5	x2			

評価基準

	メリット	フレキシビリティ	リスク	コスト
A 4点	効果の実現が十分期待できるもの	現行の業務に親和するもの／将来の環境変化に迅速に対応できるもの	リスク対応策が用意されている／リスクの発生の可能性が極めて低い	短期間のプロジェクトで実現可能なもの
B 3点	一部の効果の実現が期待できるもの	現行の業務に一部が適合しないもの／想定できる環境変化には対応可能であるもの	対応策はないが、社内リソースで対応可能と思われるもの	プロジェクトは短期間ではないが、立ち上げなどにおいて調整・検討などの必要がないもの
C 2点	間接的／長期的に効果の実現に貢献できるもの	現行と異なる業務へ変更されるもの／環境変化への対応が考慮されていないもの	リスク対応が困難で、システム化の実現に影響をおよぼす可能性があるもの	変更・開発の規模が大きく、プロジェクトの立ち上げに際して事前に調整の必要があるもの
D 1点	効果の実現が期待できないもの	現行の業務の一部に不都合が生じるもの／環境変化への対応が不可能なもの	リスク対応が困難で、システム化の実現に大きく影響をおよぼす可能性があるもの	変更・開発の規模が大きく、期間が長く、プロジェクトの立ち上げに際して事前に経営層に調整の必要があるもの

図 7.3.1-1 「優先順位評価シート」の記述サンプル

システム変更方法	システム変更期間(類似案件参照)		
	期間合計	類似案件名	類似案件規模
業務システム最適化 申込受付担当者の作業手配業務フローを見直して、顧客への問合せ時に設置作業日を確定するシステムを導入し、業務負荷を削減する 調整結果：日程再設定の場合は、別対応とし、連携機能開発を抑える 調整理由：開発費用を想定の金額内に抑えるため	7か月 →6カ月	B社 業務システム刷新	ユーザ数 XX 平日：9時 ～18時

図8.3.1-1 「システム変更スケジュール案」の記述サンプル

システム変更方法	業務改善に伴うシステム対応の超概算見積					
	変更開発費合計 (維持費用を除く)	ソフトウェア要求定義	ソフトウェア開発費	ハードウェア	維持管理費用	類似案件情報
業務システム最適化 申込受付担当者の作業手配業務フローを見直して、顧客への問合せ時に設置作業日を確定するシステムを導入し、業務負荷を削減する 調整結果：日程再設定の場合は、別対応とし、連携機能開発を抑える 調整理由：開発費用を想定の金額内に抑えるため	232百万円 → 200百万円	5人 ×百万 ×2月 →1.5ヵ月	→17人 20人 ×百万 ×5ヵ月 →4.5ヵ月	100 百万円	(3人月× 百万円)/ 1か月	ユーザ数 XX 平日 9時～18時

図8.3.2-1 「システム変更費用概算見積り」の記述サンプル

システム変更方法	業務改善要求	確認	要求の目的	確認	システム化要求	確認	変更の範囲外となった要求への対応
業務システム最適化 ✔申込受付担当者の作業手配業務フローを見直して，顧客への問合せ時に設置作業日を確定するシステムを導入し，業務負荷を削減する ✔日程再設定の場合は，別対応とし，連携機能開発を抑える	顧客のスマートメータ設置申込みから設置までの期間を短縮したい．	○	業務効率向上	○	申込受付業務システムと設置作業管理業務システムがリアルタイムに連携され，顧客は申込み時に設置作業日を選択し決定できる	△ オンライン申込みは対象外	申込み受付時に作業日を確定する．サービスの効果を検証した後実現を検討する
			業務の品質・精度の向上	○	申込受付業務システムから常に最新の設置作業可能日データが参照でき，申込受付担当者は申込み受付時に設置作業日の調整をシステム上で処理できる	○	なし
					設置作業に必要な情報が設置作業管理業務システムに自動連携され，作業者が参照できる	○	なし

図 8.3.3-1 「企画検討結果チェックシート」の記述サンプル

参考文献

[1] M. Abran and J. M. Moore（eds.）, Guide to the Software Engineering Body of Knowledge, 2004 Version, IEEE Computer Society, 2004, http：//www.swebok.org/［松本吉弘（訳），ソフトウェアエンジニアリング基礎知識体系 －SWEBOK2004，オーム社，2005］．
[2] M. Aoyama, et al., Toward a Requirements Engineering Body Of Knowledge（REBOK）, Proc. IEEE RE 2010, Sep. 2010, pp. 383-384.
[3] 青山幹雄，上流からの要求マネジメント，情報サービス産業白書 2013，日経 BP, 2012, pp. 181-190.
[4] 青山幹雄，中谷 多哉子，鈴木 律郎，要求工学知識体系（REBOK）の誕生 － ユーザとベンダの共通基盤を作る －, 情報処理学会デジタルプラクティス, Vol. 4, No. 2, Apr. 2013, pp. 96-104.
[5] S. Bleistein, et al., Requirements Engineering for e-Business Systems：Integrating Jackson Problem Diagram with Goal Modeling and BPM, Proc. APSEC 2004, IEEE CS Press, pp. 410-417.
[6] IEEE, Std 610.12-1990, IEEE Standard Glossary of Software Engineering Technology, 1990.
[7] IIBA, A Guide to the Business Analysis Body of Knowledge（BABOK Guide）, Version 2.0, IIBA, 2009［宗雅彦ほか（監訳），ビジネスアナリシス知識体系ガイド Version 2.0, IIBA 日本支部，2009］．
[8] IPA, IT スキル標準 V3, 2008, http：// www.ipa.go.jp/jinzai/itss/download_V3_2008.html.
[9] IPA 産学連携推進センター，要求工学を活用した問題発見と情報システムによる解決 （2013）, http：//www.ipa.go.jp/jinzai/renkei/.
[10] IPA ソフトウェアエンジニアリングセンター（編），共通フレーム 2013, オーム社，2013.
[11] IREB, Syllabus：IREB Certified Professional for Requirements Engineering -Foundation Level-, Ver. 2.0, Oct. 2009, http：//certified-re.de/en/syllabi.html.
[12] ISO 26262-2：2011, Road Vehicles – Functional Safety – Part 2：Management of Functional Safety, ISO, 2011.
[13] ISO/IEC 29148：2011, Systems and Software Engineering - Life Cycle Processes - Requirements Engineering, ISO/IEC, 2011.
[14] JISA, 平成 17 年度情報サービス産業におけるソフトウェア開発の実態アンケート調査結果，2007.
[15] JISA, 要求開発ベストプラクティスが示す成功パターンの調査研究，No. 18-J008, 2007.
[16] JISA, 要求開発・管理ベストプラクティスとその体系化の調査研究，No. 19-J004, 2008.
[17] JISA, 要求工学知識体系（REBOK）とユーザ指向要求工学の調査研究，No. 20-J007, 2009.
[18] JISA REBOK 企画 WG（編），『要求工学知識体系』，第 1 版，近代科学社，2011.
[19] JISA REBOK 普及 WG, 要求アナリストの確立と育成～要求工学知識体系（REBOK）に基づく要求工学を主導する人材像とその育成～, 2012.
[20] 経済産業省，㈳日本情報システム・ユーザー協会，企業 IT 動向調査 2011, 2011.
[21] PMI, A Guide to Project Management Body of Knowledge, 4th ed., PMI, 2008［プロジェクトマネジメント知識体系ガイド，第 4 版，PMI, 2009］．

索引

注：( )内はフルスペル，[ ]内は同じ意味の用語，〈 〉内は読み，をそれぞれ表す．

数字
5W1H ―――――――――――― 20

B
BABOK（Business Analysis Body Of Knowledge）〈ビーエーボック，バボック〉 ―――――――――――― 11

F
FR（Functional Requirements）[機能要求] ――――――――― 15,19,24,36,42

I
IEEE Std. 1233-199 ―――――――― 25
IEEE Std. 610.12 ――――――――― 10
IEEE Std. 830-1993 ―――――――― 26
IEEE Std.1362-1998 ―――――――― 25
IPA[情報処理推進機構] ――――――― 138
ISO 26262-2 ――――――――――― 138
ISO/IEC 25000 ―――――――――― 20
ISO/IEC 29148 ―――――――――― 11
ISO/IEC 9126 ――――――――――― 20

J
JISA（Japan Information technology Services industry Association）[一社 情報サービス産業協会] ――――― iii,2

K
KJ法 ―――――――――――― 20,45,61,78
KJ法による問題俯瞰図 ――――― 20,45,61,78

Q
QFD（Quality Function Deployment）[品質機能展開] ――――――――――― 22

R
REBOK（Requirements Engineering Body Of Knowledge）―――――― 8,11
REBOK 拡張知識カテゴリ ――――――― 8
REBOK 共通知識カテゴリ ――――――― 8,9

S
SME（Subject Matter Expert）――― 15,19
SWEBOK（Software Engineering Body Of Knowledge）〈スウィーボック〉― 138

U
UML（Unified Modeling Language）―― 7

Z
Zachman Framework ――――――― 17,18

あ
曖昧 ―――――――――――――― 30,45,89
アクタ ―――――――――――――― 20,32,87
アクティビティ図 ――――――――――― 22
案件タイプ ――――――――――――― 118

い
一貫性 ――――――――――――――― 30
イテラティブ[反復的] ――――――――― 13
イテラティブプロセス ――――――――― 13
イベント ――――――――――――― 127
インクリメンタル[漸増的] ―――――― 13
インクリメンタルプロセス ――――――― 13
インフラ整備タイプ ――――――――― 120

う
ウォーターフォールプロセス ―――――― 13
運用 ―――――――――――――――― 11,41

145

え

影響度 —— 14,15
影響分析 —— 37
エンタープライズ分析，エンタープライズアナリシス[ビジネス分析] —— 9,14,17

お

置き換えタイプ —— 119

か

下位ゴール —— 16
開発制約 —— 36
開発プロセス —— 40
拡張知識カテゴリ —— 8,9
獲得 —— 9,13
獲得要求 —— 43
課題管理表 —— 132
完全性 —— 30

き

企画検討結果チェックシート —— 130
技術知識 —— 9
機能要求 —— 19,42
共通知識カテゴリ —— 8,9
共通フレーム —— 11,40
業務オペレーション要求 —— 74
業務改善要求 —— 45,57
業務概要図 —— 43,46,84
業務部門 —— 43,44
業務フロー —— 21
挙動[振舞い] —— 22
緊急度 —— 20

く

組込みシステム —— 9,12,35
クラス図 —— 17,22

け

経営の要求 —— 76
検証 —— 29,37
現状分析ツリー —— 45,63,81
現場の要求 —— 75

こ

交渉 —— 24
構造 —— 9,13,17

構造化ウォークスルー —— 31
構造の視点 —— 22
後方トレーサビリティ —— 35
ゴール —— 13
ゴール分析 —— 14,15
顧客 —— 15
コスト —— i
コミュニケーション図 —— 22

さ

サービスレベル —— 42,46
サービスレベル一覧 —— 44,108
再帰的プロセス —— 13
サブジェクトマターエキスパート
　（SME：Subject Matter Expert）—— 15,19

し

シーケンス図 —— 22
事業継続計画（BCP：Business
　Continuity Plan）—— 34
システムアナリスト —— 12
システム化要求 —— 45,76
システム機能 —— 104,105,106,108
システム変更スケジュール案
　—— 43,44,47,127
システム変更パターン —— 44,46
システム変更パターン一覧 —— 44,46,105
システム変更パターンごとのサービス
　レベル一覧 —— 43
システム変更パターン別期間見積り
　—— 44,46,110
システム変更パターン別費用超概算見
　積り —— 44,46,47,112,128
システム変更費用 —— 43,45
システム変更費用超概算見積り —— 43,45
システム要求 —— 29,40
システム要求仕様書 —— 25
実現可能性 —— 30
実践の考慮点 —— 9
実体関連図[ER図] —— 22
視点 —— 17,20,22
シナリオ —— 14
シナリオ分析 —— 14,16
重要度 —— 20
上位ゴール —— 16
仕様化 —— 2,24,25

状態マシン図 ── 22
情報システム部門 ── 2,42,57,76
新規事業創出タイプ ── 118

す

スコープ ── 11,17,18,34
スコープクリープ ── 34
ステークホルダ ── 13,41
ステークホルダ[利害関係者] ── 11,14
ステークホルダ分析 ── 14,15
ストーリ ── 17

せ

静的モデル ── 22
制約 ── 19,42,43,44
セキュリティ ── 108,109,110
戦術ゴール ── 15
漸増的[インクリメンタル] ── 13
前方トレーサビリティ ── 35
戦略ゴール ── 15

そ

相互依存性 ── 35,36
ソフトウェアアーキテクチャ ── 22
ソフトウェアアナリスト ── 12
ソフトウェア工学知識体系(SWEBOK：Software Engineering Body Of Knowledge) ── 138
ソフトウェア要求 ── 34
ソフトウェア要求仕様書(SRS：Software Requirements Specification) ── 25
ソフトゴール ── 15

た

妥当性 ── 23,24,29
妥当性確認 ── 9,13,25,28,29,30,41

ち

チェックリスト ── 31
知識カテゴリ ── 8,9
知識領域(KA：Knowledge Area) ── 8
超概算 ── 46,102,104,112,113,124,126,130

つ

追跡可能性[トレーサビリティ] ── 30,34

て

データディクショナリ ── 21
データフロー図(DFD：Data Flow Diagram) ── 22,87

と

トレーサビリティ[追跡可能性] ── 30,34

は

ハードゴール ── 15
反復的[イテラティブ] ── 13

ひ

非機能要求 ── 19,22,23,42
非機能要求グレード ── 22
ビジネスアナリシス知識体系(BABOK：Business Analysis Body Of Knowledge) ── 11
ビジネスアナリスト ── 12
ビジネス要求 ── 40
ビジネス要求定義書 ── 25
ビジネスルール ── 19
品質機能展開(QFD：Quality Function Deployment) ── 22
品質要求 ── 19,42

ふ

プライオリティ方式 ── 23
プラクティス ── 28,53
振舞い[挙動] ── 14,31
振舞いの視点 ── 22
プロジェクトマネジメント知識体系(PMBOK：Project Management Body Of Knowledge) ── 32
プロセス ── 9
プロセス知識 ── 9
プロダクトアナリスト ── 12
プロダクト分析 ── 9
プロダクト要求 ── 11,25,29
プロダクト要求定義書 ── 25
ブロック図 ── 22
プロトタイピング ── 31
プロトタイプ ── 31
文書化 ── 25,46

147

へ

- ベースライン ─── 36,37
- ベストプラクティス ─── 9
- 変更影響分析[影響分析] ─── 35
- 変更管理 ─── 32,34
- 変更要求 ─── 24,33,36

ほ

- 法令遵守 ─── 19,30,42

ま

- マイルストン ─── 127
- マインドマップ ─── 20

む

- 無曖昧性 ─── 30

ゆ

- ユーザストーリ ─── 14
- 優先順位評価シート ─── 44,118
- 優先順位 ─── 23,24,34
- 優先順位付け ─── 18,23,24,34,36
- 優先順位付けマトリクス ─── 24

よ

- 要求 ─── 8
- 要求アナリスト ─── 11
- 要求ウォークスルー ─── 95,96,97,98,99
- 要求エンジニア ─── 12
- 要求開発 ─── 33
- 要求獲得 ─── 9,32,40
- 要求管理ツール ─── 35
- 要求欠陥 ─── 30
- 要求工学(RE：Requirements Engineering) ─── 11
- 要求工学知識体系(REBOK：Requirements Engineering Body Of Knowledge) ─── i,iii
- 要求工学の基礎 ─── 9
- 要求工学プロセス ─── 32,40
- 要求交渉 ─── 24,44,124
- 要求仕様化 ─── 9,25,41
- 要求仕様書 ─── 29,30,33,36
- 要求スコープ ─── 11
- 要求属性 ─── 34
- 要求トレーサビリティ ─── 35
- 要求トレース ─── 34,36
- 要求の計画と管理 ─── 9,32
- 要求の検証 ─── 29
- 要求の検証・妥当性確認・評価 ─── 9,28,41,43,45,70
- 要求の構造化 ─── 43,45,70
- 要求のスコープ ─── 18
- 要求のスコープ[要求スコープ] ─── 34,40
- 要求の妥当性確認 ─── 29
- 要求の展開図 ─── 43,73
- 要求分析表 ─── 104
- 要求の分類 ─── 19,43,45,56
- 要求の優先順位付け ─── 23,44,116
- 要求の割当て ─── 22,44,46,102
- 要求プロセス ─── 40
- 要求プロトタイピング ─── 31
- 要求分析 ─── 9,18,40,43
- 要求分類表 ─── 43,45,59
- 要求変更 ─── 21,33,35,36
- 要求変更管理 ─── 33
- 要求レビュー ─── 30
- 用語辞書の作成 ─── 67
- 用語集 ─── 21,28
- 四象限方式 ─── 23

り

- 利害関係者[ステークホルダ] ─── 11,14

る

- 類似案件 ─── 111,112,113,114,129,130
- ルール ─── 19,132

著者紹介

青山幹雄（監修）

南山大学理工学部ソフトウェア工学科教授．
1980年から1995年まで富士通株式会社で大規模分散処理システムの開発に従事．
2001年から現職．（一社）情報サービス産業協会 要求工学委員会委員長．
著書には『要求工学知識体系（REBOK）』（近代科学社），『要求工学実践ガイド』（近代科学社）の編著など．要求工学，ソフトウェアアーキテクチャなどの研究と教育に従事．博士（工学）．

飯村結香子

NTT　ソフトウェアイノベーションセンタ 研究員．
2001年，日本電信電話株式会社入社．知識の再利用や利用者の嗜好分析の研究開発に従事．2012年より，NTTソフトウェアイノベーションセンタにて，要求工学を中心にソフトウェア開発技術の上流工程の改善技術，手法の検討に取り組んでいる．

斎藤　忍

NTTデータ 技術革新統括本部技術開発本部 ソフトウェア工学推進センタ 課長．
2001年，株式会社NTTデータ入社．上流プロセスに関する研究開発・技術支援に従事．要求工学を専門として業界団体の委員，論文・記事執筆も多数．
著書に『要求工学知識体系（REBOK）』（共著，近代科学社），『要求工学実践ガイド』（共著，近代科学社）がある．博士（工学）．

■ NTT ソフトウェアイノベーションセンタについて
　多様なニーズに迅速に対応する次世代サービスの効率的な開発・提供に寄与するオープン系のクラウド基盤の研究開発や，次世代サービスのみならず既存サービスを含めた TCO 削減を実現するためのオープンソースソフトウェア（OSS）に関するサポート／移行 SE を実施．また，システムの生産性を劇的に改善するソフトウェア開発技術の研究開発にも取り組んでいる．

REBOK に基づく
要求分析実践ガイド
REBOK シリーズ 3

©2015　NTT Software Innovation Center

| 2015 年 8 月 31 日 | 初 版 発 行 |

監 修 者	青　山　幹　雄
編　　者	NTT ソフトウェアイノベーションセンタ
著　　者	飯　村　結香子
	斎　藤　　　忍
発 行 者	小　山　　　透
発 行 所	株式会社 近代科学社

〒 162-0843　東京都新宿区市谷田町 2-7-15
電話 03-3260-6161　　振替 00160-5-7625
http://www.kindaikagaku.co.jp

加藤文明社　　ISBN 978-4-7649-0492-7
　　　　　　　定価はカバーに表示してあります．